思维绝杀

[法] 博达思 (Nicolas Bordas)　著　　刘从容　译

格 致 出 版 社　上海人民出版社

中文版序言

亲爱的中国读者朋友：

这本书能与大家见面我感到无比骄傲。用中文在世界上人口最多的国家出版自己的书恐怕是所有作者的梦想，当然也包括我。我十分有幸在自己的职业生涯里多次拜访中国，了解中国，并深深地爱上了这个国家，这也是激励我出版本书的重要原因。

本书的第一版是于2009年出版的法文版 *L'idée qui tue*，此后又重印多次。我的博客（www.nicholasbordas.com）、领英（www.linkedin.com/in/nicolasbordas）以及每天为读者提供一条金点子的Facebook小组“The Killer Idea”（www.facebook.com/LideeQuiTue）也是对书中思想的补充与完善。本书的英文版 *The Killer Idea—Secrets for Ideas that Last in Politics*，*Business*，*and Culture* 已于2011年出版，阿拉伯文版本也将很快与读者见面。

本书讨论的对象是那些经久不衰的好思维，因而我坚信，即便当今世界以令人难以置信的速度在发展变化，书中多年前所做的分析仍然适用。在本书的最后，你会看到我为思维的传播所提出的10条建议，它们仍然被百分百地广泛遵循和运用于各个领域。

基于慎重考量，我仍然决定保留书中来自西方世界的案例，原因如下：首先，这些例子是我最为熟悉的，我希望将自己的理论建构在严肃深入的案例研究之上；其次，这些来自西方世界的案例可以为我们的中国读者提供不同的视角和启发，而这并不妨碍读者将这些外来案例所阐明的基本理念运用到他们所熟知的事物中去；此外，我不希望在自己对于中国文化还未了解透彻之时进行不慎重的案例选择。但我正在为此进行努力，我的中文微信公众号“达思广议”将很快向读者开放，相信它将成为连接东西方创新思维的桥梁！

中国自古以来就是世界上最具有创造性的国度之一。从古代的造纸术、印刷术、火药、指南针、纸币、丝绸、针灸，到现代的电子烟、U盘，中国已为世界带来了无可计数的创新思维。在当今的数字时代，以腾讯和阿里巴巴为例，中国在很多领域也处于世界的前沿。因而这本书不是要指导读者如何提高思维能力，发现更多的好点子，而是关于如何以最好的传播方式来保证思维获取巨大成功。源于中国的好思维并不会仅仅停留在本国的层面，它们最终将会影响整个世界，我希望这本书能够帮助中国的企业家们撬动征服世界的杠杆，让思维具有能够改变整个世界的持久影响力。

希望读者朋友能享受你们的阅读旅程，我也期待能在各个社交网络上与大家进行对话。就让我们从微信开始吧！

博达思于巴黎

Facebook
颠覆性创新思维小组

英文博客二维码

领英二维码

目 录

引言／001

第一部分　传播型社会与思维创造的新方法

第1章　从“在社会中传播”到“传播型社会”／004

第2章　“活”思维／014

第二部分　情境，代言人，颠覆：新思维登场

第3章　情境！永远的情境！／026

第4章　颠覆与破坏／044

第5章　代言人之力／056

第6章　新点子，发射！／068

第三部分　思维的传播：标语、符号、信念与媒介

第7章　从“如果……会怎样？”到震撼标语／082

第8章　符号的力量／092

第9章　无历史，不成思／102

第10章　相信需要理由／112

第11章　媒介：思维传播机／122

第四部分　思维到意识形态的蜕变

第12章　从思维到意识形态／138

结语：给你的主意出个主意／144

参考资料／150

引　言

思维（idea）是如何运作的？为什么有些思维比另一些更具有影响力？其背后的秘密又是什么？

解决这些问题是我一生的工作。在过去的 30 多年中，我一直致力于将思维推向世界，并让它们得以滋养和成长。思维是一种生物，它出生，活着并死去，每天都有无数的新思维出现。它们中的大多数是转瞬即逝的，并被迅速抛弃，但也有些时候，灵光突现，一个坚实的思想孕育而生，羽化翩飞。多数时候，思维的传播范围仅仅是一个人，或者一群人，有时则能成为主流观点，偶尔也有幸成为一种意识形态。

但在所有这些蜕变发生之前，思维必须适应其“栖息地”的环境，并战胜其他思维。如同人类学会了以支配自然的方式生存，思维也必须在自然选择的法则之下与其他思维交锋。立体派画家乔治·布拉克（Georges Braque）曾这样表达：“一个人必须有两个观点，其中一个是为了杀死另一个。”① 思维的战争是永恒的。

思维演进的环境通常都对新来者持有敌意，但与此同时，思维本身也必是某些特定环境和想象的结晶。很多时候，别人发表的见解我们自己也能轻易想到。即使是最精妙的思维也必定是在

① Georges Braque，*Pensées sur l'art.*

某些特定时空中流传，这就是“时代灵魂”之美所在。

对我而言，没有什么比在思维的原生环境中观察它们更令人痴迷，姑且称之为职业病吧。就像早期的博物学家一样，我花费了多年时间收集它们，并记录下它们影响人们的意识和交流的能力。

事实上，我们被灌输的宗教、政治、文化、经济和社会信条都不是偶然的产物，我们完全能够了解这些思维是如何运作的。那么反过来，我们也能学会用我们的思维去影响他人。因而，理解这些思维如何孵化、成长和占据统治地位，才是对我们来说最重要的事。思维由人塑造，也反过来塑造了人。

本书旨在与大家分享我对于思维的理解，这些理解都是由我多年为品牌工作所得。我相信，当我们学习如何传播和运用思维的时候，广告界绝对是一个具有代表性的缩影。这种以商业盈利为目的的思维传播是一个实验场，让我们得以理解如何有效开展工作，而最大的变量仅仅在于“燃料”——广告预算的多寡，它的不同会对传播产成不同的影响。

由于每天与思维为伍，我对它们的运作机制、它们的诞生和可能的消亡理解得越来越清晰。虽然每种思维都渴求特立独行，但它们的核心和本质却都大同小异。大到宏大的哲学和宗教思想，小到日常的想法，都有许多相同的特性。这些特性与我们大脑工作的方式和浸润的环境有着密切的关联，也就是耶稣会哲学家德日进（Teilhard de Chardin）[①] 所描述的“精神圈”（noosphere）

---

① Teilhard de chardin，*Le phénomène humain.*

概念，即所谓的“人类思想的范围”。根据德日进的说法，我们的思维是在文化熔炉中产生的，这个熔炉包含着瞬息万变的实体性的思维、理论、经验和信念。

如果绝大多数的思维都是“生而自由平等”的，那么它们的成长壮大就与它们同媒介交互的能力息息相关。虽然运气是不可避免的因素，但如今，人们已经能够掌握传播的关键领域，使某一概念的制胜变得更容易。

我们的世界对于新思维的渴求从未如今日这般旺盛。金融危机加速了一个时代的消亡，并预示着一个新世界的诞生。如果精神错乱的定义是“不断重复做同样的事情并期待不同的结果”①，那么如今我们必须要变换思考的方式，创造出不同寻常的事物。面对全球变暖和人口爆炸，我们的星球比以往任何时候都亟需新思维。

这本书将献给所有拥有自己的想法并期待这些想法取得成功的人。也同时献给那些不想在不知不觉中被他人思维摆布的人。我们如何才能避免成为有害思想的牺牲品，又如何才能让伟大的思想蓬勃发展呢？

① Rita Mae Brown，*Sudden Death.*

第一部分
传播型社会与思维创造的新方法

第 1 章
从“在社会中传播”到“传播型社会”

“所有事物都从理念中来，理念所产生的事实仅仅是其表象。”

——夏多布里昂（Chateaubriand）[①]

① 夏多布里昂，法国 18—19 世纪的作家，政治家，外交家，法兰西学院院士。——译者注

在一个大屏幕里，“老大哥”正拖长了声调，以一种机械的声音向一群形貌痴呆的人演讲：“我们已经创造出了人类历史上第一个纯意识形态的乐园，在那里所有人都能成长，而不受任何反动势力的侵害。我们统一的思想是比地球上任何军队都强大的武器。”这段长篇大论被一名年轻女子打断，她奔跑着将一柄锤子扔向大屏幕。随着屏幕被砸开，“老大哥”消失了，被解放的人群发出一阵阵欢呼。此时，一个声音宣布：“1 月 24 日，苹果公司将推出麦金塔电脑（Macintosh）。那时你会明白，为什么 1984 年将不会是《一九八四》。”①

当 29 岁的乔布斯（Steve Jobs）将这个广告呈现在一群充满怀疑的观众面前时，这个有些老成的年轻人并没有想象到一个人人可以既是信息接收者又是发送者的社会。他也没有意识到个人电脑将在何种程度上将我们的世界转变成为一个传播型社会。

广告发布后的 15 年之内，互联网呈现在我们的视野中。有了互联网，传播型社会逐渐兴起，它完整地体现了“communicatio”这个拉丁术语的含义：集中观点与创造共识。交流在于创造共同点，感谢这个由机器、电缆和电波组成的网络，每一个人都与他人连接了起来，知识和思想也由此能在顷刻间传播——就在此时此地！

网上社会

互联网是一个强大的工具。任何人都能够很快聚集十个、上

① 由 Chiat\Day 公司拍摄，雷德利 · 斯科特（Ridley Scott）导演。

百个甚至上千个人来支持某个点子，而这样一来，反对力量也将迅速生成。一些诸如Facebook的社交网络允许它的用户上传自己的资料并加入自己选择的群组。每个人都能找到他们喜好的东西，无论是艺术、游戏、地理、互联网、科技、体育或仅仅是为了有趣。Facebook是一个极好的展示途径，它能显示出一种思维有多大的吸引力和凝聚力。2008年，一个名为“1500万人支持下调燃气价格”的群组在一个夏天吸引了200万的成员①，而考虑到人们对于燃气价格的高度关注，这个数字并不令人惊讶。

在另一个有趣的例子中，一名英文版Facebook的用户打算进行一个实验来测试两种相反观点的人气，因此他在同一天建立了两个有关“公共场所禁烟”这个主题的群组。在6个月之内，名为“我们能否找到100万人支持在公共场所吸烟”的群组得到了将近33万人②的支持，与法国戴高乐主义者的数量相当③。虽然这已经是一个令人印象深刻的数字，但却被“我们能否找到100万人反对在公共场所吸烟”这个相反的群组打败，因为后者吸引了50多万人④的支持。这的确是个测试观点影响力的好方法！法国的《费加罗报》(*Le Figaro*）也采用了类似的方法，该报每天都在网上进行民意调查，然后将结果刊登在次日的早报上。

我们都知道，互联网正在迅速改变政治。最明显的一个例子

---

① 这个小组已经从Facebook中删除。

② 2008年8月1日数据。

③ 数据来源：www. lemouvementpopulaire. fr。

④ 2008年8月1日数据。

就是 2008 年的美国大选，奥巴马聚集了 120 万支持者，并将他们分成 3.5 万个本地团体，这些团体策划组织了 20 多万次助选活动。通过电话或访问的方式，这个助选大军能够接触到 6800 多万美国人，这相当于具有投票权人数的一半以上。此次竞选，奥巴马获得了来自 300 多万人的选举捐款，这归功于 My. BarackObama. com 这个设计精巧的投票网站，它让美国人只需轻点鼠标就能进行捐款。人们甚至还能设定自己筹款数额的总目标，并通过邮件邀请自己的亲朋好友共同捐款以达成这个目标，然后欣赏自己“捐款指示表”上总数额的爬升。在互联网的帮助下，奥巴马获得了 5 亿美元的捐款，平均每个捐款人 80 美元。①

谁又能在几年前预料到这一切呢？有了互联网，那些本来需要花费这些政坛精英数年精力才能达到的结果在短时间内就能实现，并且花费低廉，连电视机的统治地位也逐渐让给了那些更具有人人参与特性的新兴媒体。这种巨大的改变带我们进入了新的传播维度。

在印刷革命、工业革命、交通革命和电视机出现以后，数字革命通过加速人们之间信息的交往和分享而继续改变着人们的日常生活，并使全球化日益突出。在空中旅行实现了身体移动，电视机实现了文化跨越之后，人和人的行为愈发全球化，跨国公司的生产行为也愈发全球化，

① Olivier Ferrand, *Moderniser la vie politique—Innovations américaines, leçons pour la France.*

产品也日益趋同，它们在全世界进行的理念和文化传播也日趋广泛。

全球集会

传播型社会自始至终都是存在的。在公元前 4 世纪，雅典人就在城市广场上参与城邦的政治生活，或者参加市民议会——一种每个公民都能发表演说的集会。对雅典人来说，公民的想法和表达拥有极高的重要性，每个公民（18 岁以上的男子）都能够捍卫自己的观点，并以举手投票这种简单的方式使某一观点成为法律。

雅典以政治生活和市民议会（ekklesia）为核心这一点也体现在对伟大演说家的尊重、政治讽刺戏剧的流行和诡辩家们不可小觑的影响力之上。然而，这种模式的传播只能在古希腊文化中起效。古希腊的世界中没有多少外邦人的位置，这些外邦人都被当成野蛮人，也就是希腊语的“barbaros”，这个词模拟了外邦人难以理解的话语和音调。对于希腊人来说，和外邦人沟通是一件不可能的事。

如今，语言的屏障已经消失。高乃依（Corneille）在《塞多留》中写道：“罗马已经不再是罗马，我在哪里哪里就是罗马。”① 现代人同时生活在许许多多不同的世界里，

① Pierre Corneille，*Sertorius.*

或者说一个形而上的“元世界”，在这里人们不仅生活在各自的城市、街道，也同时生活在全世界的每个角落。全球化不仅仅是一个经济现象，它同时也是一个文化和传播现象。

传播神话

在 20 世纪初，马克思主义杰出思想家西奥多·阿多诺（Theodor Adorno）和赫伯特·马尔库塞（Herbert Marcuse）从批判的角度分析了传播型社会。1950 年，控制论的兴起将传播型社会具体化，这一进程始于诺伯特·维纳（Norbert Wiener）的表述：“事实能够以传播和信息来解读。”①20 世纪 70 年代，诸如马歇尔·麦克卢汉（Marshall McLuhan）② 和居伊·德波（Guy Debord）③ 等媒介理论家使得传播型社会的理念为人们所熟知。这些学者揭示了一个概念，即“‘消费’这一意识形态变成了对意识形态的消费”。④ 而对法国社会学家埃里克·内维尔（Erik Neveu）来说，传播型社会就是一个神话，它的“降临……使五种迹象凸显：丰富、民主化、个体自主、全球化和时空压缩”。⑤每一天，这个神话都在变得越来越真实。

---

① Norbert Wiener，*The Human Use of Human Beings: Cybernetics and Society.*

② Marshall McLuhan，*Understanding Media: The Extensions of Man.*

③ Guy Debord，*The Society of the Spectacle.*

④ Raoul Vaneigem，*The Revolution of Everyday Life.*

⑤ Erik Neveu，*Une société de communication.*

无障碍的世界

无论我们高兴与否，电视、电脑和电话的普及都促进了文化的共享。比起阅读文字，我们更容易理解我们看到的画面。屏幕数量的增长大大扩展了人们对周围世界的认识和理解（在假定人们没有被过量信息淹没的前提下）。

信息对于民主来说至关重要，而今人们总有办法突破政府的信息管制。一家加拿大公司就开发了一种名为Psiphon的点对点程序，通过“受信任网络”与无网络封锁国家的网友合作来跨越各国政府的防火墙。

传播型社会让人们能够在屏幕上实时分享一切，它推动了人类最普遍的向往，让马歇尔·麦克卢汉的“地球村”[①]变为了现实。值得注意的是，地球村既没有否定也没有压制本土文化。想象所有人都拥抱世界大同未免过于天真，因为人们始终需要本土文化作为参考，来简化他们生活的世界，即使是像麦当劳（McDonald's）这样的跨国公司也得在不同的国家设置地域性的菜单。无论人们变得多么国际化，接地气的感觉都不可或缺，这样才能生存，也才能感受到自己的重要性。

那么什么才是参与这个传播型社会最好的方式呢？在我看来，人们需要在他们自己的层面上运用传播。

---

① Marshall McLuhan，*The Global Village: Transformations in World Life and Media in the 21st Century.*

传播对于人类生存是至关重要的。从贫民窟到富人区，传播让人们能够与其周围的世界分担焦虑、分享希望和问题的解决方案。正是传播的力量将对抗贫困和全球变暖的国际性运动组织了起来。

让一些人感到遗憾的是，这个传播型社会是由经济主宰（其核心是金融），而不是由政治主宰的。信息是民主社会的关键，然而在缺乏全球治理的情况下，传播型社会中的一些特殊利益集团和游说集团常常能压倒公众的普遍利益。由于联合国权力的局限性，它无法在这个全球化的传播空间里起太多作用。考虑到两次世界大战后才建立起联合国，2008 年的全球经济退行才让人们慎重考虑金融管制，现行的国际政治体系尚无法适应这个新的传播社会。

现如今，政治仍然更多地聚焦在本地或者本国的层面，而非全球层面。政治家们一如既往地和城市里的年轻人大谈特谈他们曾经居住的街道和工作的街区，而忘记这些年轻人的视野早已超出了本地范围。年轻人运用各种社交网络来进行交流，诸如 Facebook 和 MySpace，他们都在 H&M 和 Zara 购物，也在同样的时间看同样的电影，他们从事的生态保护和人权事务也往往是全球范围的。如今的人们已经能够成熟地参与大型的、国际性的运动。如果有一天博诺（Bono）① 决定要发起一次政治运动，他可

① 博诺，原名保罗 · 戴维 · 休森（Paul David Hewson），爱尔兰歌手。——译者注

能会发现自己是世界上最有影响力的人之一，当他涉足非洲发展事务的时候，我们就已经看到了他巨大的号召力——明星效应的确有其有利的一面。

媒介平等

20世纪的电视文化是一种单向文化：电视观众安静地坐在滔滔不绝的电视机前面，时间安排则由事先制定的电视节目表来支配。互联网的兴起改变了这一模式，使过去的被动消费变为主动消费。在不同城市组织一场世界范围内的游行请愿是一件极其困难的事情，但若将请愿书放在互联网上让世界各地的人们签名则是既容易又高效，只要轻击鼠标就能完成。高速的互联网使全球层面上的思维传播成为可能。

如前文所述，电视文化是极端被动性的始作俑者，而互联网社群则激发了交互性，一个小小的点子就能够在互联网上聚集起强大势头。人们将曼妥思（Mentos）糖块放进可乐，制造出极其壮观的喷泉①，这个视频曾被1000多万人观看；另一个名为《舞蹈进化》(*Evolution of Dance*)的视频也被1.2亿人观看，这相当于在美国买票观看电影《泰坦尼克号》的人数总和。这些都是互联网生活中奇思

---

① Chad Tehrune，Suzanne Vranica，"Mixing Diet Coke and Mentos Makes a Gusher of Publicity"，*Wall Street Journal*（June 12，2006）.

妙想、广泛参与的有力证明。传播这些微不足道的点子所用的技巧也同样适用于真正重要的事务。

思维传播的速度越快、受众越多，人们联合起来反对强权就会变得越容易。左拉（Émile Zole）在他的年代利用报纸进行“控诉”；富兰克林·罗斯福（Franklin D. Roosevelt）利用收音机与民众进行“炉边谈话”，来阐明自己援助盟军的理由。如今利用网络，一条微博就能对抗整个世界，每个人都可能在自家附近的星巴克创造历史。

当全世界都被高速连接起来的时候，政治腐败将难成气候。当权者总会想要操纵民众，这是必然的，但用篡改的图片和虚假的信息来欺骗大众将会变得越来越困难，这一点已经多次被证实。2008 年 7 月 10 日，伊朗宣称自己成功试验了新一代导弹，德黑兰发布的官方照片显示出伊朗在一个飞机场发射了四枚导弹。紧跟着，一些网络用户即指出照片上的异常之处：似乎其中一枚导弹是由电脑添加到图像上去的。[①] 最终，没有改动过的照片被披露出来，明确显示伊朗仅仅发射了三枚导弹，其中一枚还未能命中目标。在一个社会中，当越来越多的人有能力搜集信息的时候，操纵者“露馅”的速度就会越来越快。

传播型社会的实质是人们能运用各种各样的手段来分享他们的观点。如今，思维比以往任何时候都拥有更多公平竞争的机会。

---

① Mike Nizza，Patrick J. Lyons，“In an Iranian image，a missile too many”，*New York Times,* 10 July 2008.

第 2 章
“活”思维

“思维不是实体结构，不会消亡。

思维与所有神圣之物一样，是不朽的，非物质的，存在于任何地方。”

——阿兰·摩尔（Alan Moore）[①]

① 阿兰·摩尔，英国漫画家、小说家。——译者注

思维是活生生的生物。这就是为什么我们与它们的连接如此紧密。人们总是将它们作为抽象事物来谈论，而忽略了它们是真实存在的这一事实。然而在语言中，我们却一直都在以“诞生”来描述思想的产生。一个想法的到来和人类的出现一样，都是碰撞的产物。就像法国广告人菲利普·米歇尔（Philippe Michel）说的，思维来自于“神经细胞的交媾”。①

有的时候，一个人的神经细胞也能自行繁殖，对镜整装的时候一个想法可能就出现了。然而更多的时候，想法是在至少两个人的神经细胞摩擦中诞生的。公司的集体研讨会议，或者叫“头脑风暴”，就是这种摩擦的表现形式之一。

有的时候，一个想法来得很快，有些时候则需要一段时间来萌发。有时候一些想法在诞生的时候是畸形或丑陋的，但除却潜力，好思维又能是什么呢？思维与完成品是对立的，它具有不断引人依附从而壮大和坚实自身的潜质。我们经常将思维视为静态事物，比如一张照片，但事实上我们应该像看电影一样，看到它的起承转合。思维的强度应该根据它发展的势头和它留下的印记来判断。

思维角力

没有什么思维本身即是好思维，它们取得突破的能力

① Phillippe Michel and Anne Thévenet-Abitol，*C'est quoi une idée?*

取决于外在参量。不融入其所处的环境系统，思维就无法巩固自身。

约翰·麦凯恩（John McCain）在2008年美国总统大选中提出“国家为先”的理念，我们不能肯定地说这是一个不好的理念。然而，他的对手是一个年轻而有活力的议员，并且这个人的演讲——《我们可以相信的变革》（*Change We Can Believe in*）——给予了无数人力量，面对这样的对手时，麦凯恩是很难获胜的。更何况同属共和党的布什所推行政策不得人心，而麦凯恩的竞选宣传紧跟着布什的任期，又不幸撞上了金融危机。

尽管奥巴马的个人魅力、才智和媒体对他的追捧对他竞选获胜起着不可估量的作用，但不能忽略的是，他选择了正确的出场时间和地点。在整个国家对共和党人的幻想破灭并亟需帮助的时候登台亮相。

对思维不同的应用将会产生不同的结果。我们控制有机体基因，可以是为了制造转基因食品，也可以是为了产生能够阻挡艾滋病病毒的酶。但从技术的角度上讲，它们是以类似的方式运作的：无论是政治的、社会的还是商业的，思维都既是一项计划又是这一计划的推进器，而目标只有一个，即摧毁现状并抢占空间。

思维无论大小，无论是处于边缘还是核心，它们都深深地被环境影响着。我们如何运作思维以及如何传播思维决定了它们的未来。多亏了一些广告技巧的运用，我们才能够把思维装扮起来，从而赋予其更大的生命力，这些技巧也经常运用在政治中。

有些人擅长创造新思维，而另一些人则擅长执行，“思想者”和“行动者”的联合将取得巨大成就。少数幸运儿则既是“思想者”又是“行动者”，伽利略（Galileo）、牛顿（Newton）和爱因斯坦（Einstein）就是这类人的代表。但多数时候则需要合作：每一个伊夫·圣·罗兰（Yves St Laurent）的成功都需要一个皮埃尔·贝尔热（Pierre Bergé），每一个夏洛克·福尔摩斯（Sherlock Holmes）的背后都有一个华生医生（Dr. Watson）。

在文学界，一些作品的成功并不仅仅取决于作者的才华。事实上，有太多有天赋的作家和诗人，我们却从未听说过他们的名字。因而更确切地说，成功来自于作者和出版商之间的协作，后者的工作在于对作品进行包装和推广。出版商或者作家经纪人通常负责图书出版、作者包装、安排图书首发活动、商讨电影版权，等等。有些作者非常擅长营销他们的作品，诸如丹·布朗（Dan Brown）和斯蒂芬·金（Stephen Edwin King），他们已经将写作转变为一项长期生意。

思维繁育的文化熔炉

德日进所描述的“精神圈”里塞满了点子、主张、发明、知识、思想、理论、学说、神话和意识形态，虽不可见，但却充斥着我们的脑海。

在这个“精神圈”中，主流思维有时会遮蔽处于边缘的思维。经济至上的信条长期掩盖了慢速而平衡发展的重要性，这就像是过于明亮的星星常常会遮蔽周围的暗星一样。由此而言，思维并非是绝对“平等”的。

如同原子结合形成分子，思维也彼此联结在一起。转述社会学家埃德加·莫兰（Edgar Morin）的话，孤立的思维是几乎无法存在的。[①] 思维繁育的文化熔炉包含一些基本信条和理念组成的系统，这些系统能够让意识形态随时间推移构建并巩固自身。这些系统不仅存在于这个熔炉之中，它还根植于每个人的脑海。然而每个人所接收的理念和信条又不尽然相同（例如不同环境导致人们拥有不同的信仰和文化），每当人们得知一种新观点时，都会用自己脑海中已经建立起来的信条和理念的系统去解释评判这一新观点。

关于这种说法有一个好例子，就是法国有关禁止在公立学校佩戴明显的宗教标志的辩论。法国人有着强烈的世俗主义文化，宗教和国家分离是人们的基本信条，因而这项禁令得到了大多数人的支持。然而，一项在阿姆斯特丹安妮·弗兰克（Anne Frank）故居的调查显示，73% 的参观者都反对这项禁令，而这些参观者来自世界各地。很显然，并非每个人都有同样的基本信条。

即使有着固定的元素，比如占统治地位的观念和长期存在的文化信仰，人类的“精神圈”也常常遇到不同潮流的冲击。就如

① Edgar Morin，*La méthode. T. 4: les idées.*

同我们大气中的天气变化一样，这种冲击会让“精神圈”处于不断变化之中。日本福岛核泄漏事件就是这样的冲击之一，它改变了人们对于核能过度的信任。事实上，很多思维都是彼此依赖的，一个元素的改变就能导致相关思维的一系列反应。比如，有关“臭氧空洞”的论战，及随之而来的对气候变化的关注，使得刚刚萌芽的可持续发展哲学观得以扎下根来，而可持续发展的主流思想又反过来催生了许多新观念。

思维为争夺我们大脑空间而进行的战斗是永恒的。胜出的总比其他竞争者更具有持久力。这些胜出的思维让人一眼难忘，就如同人们的第一次性经验一样，是非常具有魔力的。

我们需要一定的谦逊来接受这个事实，那就是伟大的思想总是处于被更伟大思想替代的风险之中，而与此同时，普通的点子也可能有个好前途。思维的命运并不是板上钉钉的。有时一些杰出的思想以消亡告终，而不那么杰出的却蓬勃发展。为什么会这样？难道是这些伟大思想遭遇了诅咒吗？

传播思维的人是关键。一个好想法，如果是被奥巴马提出，那就比由拉尔夫·纳德（Ralph Nader）①提出更有可能获得成功。同样地，一本好书，出自知名作家，就总比出自没名气的作者卖得好。

---

① 拉尔夫·纳德，美国律师，政治活动家。——译者注

平庸的、有害的甚至错误的思维有时候也能活跃起来，而那些优质的、有成效的或者正确的思维却与它们的创造者一同消逝，比如有关奥巴马的“出生地阴谋论”[①]或者其他阴谋论的兴起。思维的成功传播并不必然反映了思维内在的价值、真实性和牢固根基。事实上，仅仅在思维“被视为”真实和有价值的时候它才能获得成功，即使它事实上并不是这样。因此，通过赋予思维某种形式的真实感从而让思维能活起来是非常重要的。思维必须产生实实在在具体的结果才能证明自身的存在。

我们为什么相信？

如果我们希望一种思维占据主流，就必须使其具体化。思维越是显得真实，公众就越会相信它。为此，政治家出书，宗教则将思想具体化为圣书、教堂、仪式，等等。这些具体化的元素不仅支撑并宣扬其背后的思想，也能有效阻挡反对的力量。质疑《资本论》或者《圣经》可比质疑一篇报纸文章要难多了。通过多种多样的表现形式，思维获得了真理的外观。回想有关基督教神迹的叙述，这些事件真的发生过吗？这当然很难下结论，但我们有太多来自神迹目击者所书写的证词，这些证词给予了人

① 有关奥巴马是否于美国出生的质疑。——译者注

们信仰的切实理由。

引领人们去相信一种新思维并不是一件容易的事。接受一种新的理念很可能意味着挑战长期以来形成的信条。相比于让人不舒服的新思维，我们常常更喜欢已有信条所带来的舒适感。

我们相信是因为我们想要相信。帕斯卡（Pascal）把赌注下在上帝存在的一边是有道理的。① 人们选择信仰宗教，因为这种信仰本身给予人们逃避自身可朽的感觉。人们选择相信自己的清洁剂是市面上最强效的产品，因为这种相信本身给予他们“纯洁”的美好感受，虽然这其实是一种错觉。

活跃的大脑

大脑以一种功利的方式在工作。它不断最大化自己的利益，并与那些让它不舒服的思维做斗争。然而，这种接受新思维过程中的挣扎却不可避免得在我们的心灵中留下了痕迹。传播学家发现，人的大脑在某种思维上运转得越多，这一思维也就越根深蒂固。

以广告为例，令人难忘的标语有着不可思议的持久力。男

① 帕斯卡的赌注。帕斯卡认为每一个理性的人都应该信上帝（这里的前提假设是升入天堂的好处大于不能进入天堂），因为如果上帝存在而我们相信上帝，那么就会得到好处（比如升入天堂），如果上帝不存在而我们相信上帝，那么我们没有任何损失；如果上帝存在而我们不相信上帝，那么就会遭受惩罚（比如进不了天堂），如果上帝不存在而我们不相信上帝，那么我们也没有什么损失。如此一来，相信上帝所得到的结果总比不相信要好。所以，如果一个人是理性的，他就该相信上帝。——译者注

人们通常并不渴求钻戒，然而，当他下定决心要向女友求婚的时候，他有多大可能性会想起戴比尔斯（DeBeers）钻石公司一遍又一遍宣传的那句“钻石恒久远，一颗永留传”（A Diamond Is Forever）呢？

传播教育

人们很容易记住那些朗朗上口的标语。有时候这种能力却让家长和教育工作者担心，生怕孩子们会被某些不良信息所诱导。在我看来，引导孩子抵制这些信息最有效的方式就是让他们了解传播的机理。

如果某些信息颠覆了孩子们从小被灌输的价值观，那么传播教育将能让他们通过思考来理清自己的利益和偏好。举个例子，他们可能会这么分析：“吸烟对我不好，但那些烟草广告却说吸烟是独立的标志。我的独立是不是比我的健康更重要呢？如果我早早就死了，我还自由吗？”通过思考他将明白什么是自己优先考虑的利益，从而拥有选择的自由，而不是被迫或被诱导来做某件事。这就是传播教育的意义所在。

宗教的例子也许最为恰当。宗教解答生死和善恶的问题，它的力量在于，它能使宏大真理与人们的切身利益相一致，从而使人们依附于它。如此而言，耶稣就是最杰出的广告人。通过传播教育让人们了解宗教传播的本质，他们才能够选择信仰或者不信仰，而不仅仅是被动地接受。

第二部分

情境，代言人，颠覆：新思维登场

第3章
情境！永远的情境！

“当周围一切都变化的时候，为什么我们要固守自己的思维？”

——歌德（Goethe）

从虚无中获得思维是不可能的，思维不会从没有任何情境的真空中掉下来，必须有事物来激发它们。它们从来都是已有观点和意识形态在某个特定的文化背景下碰撞摩擦的产物。

创造性反应

思维首先是其所处时代的产物：即使是最有创见的奇想，比如达·芬奇（Leonardo da Vinci）和凡尔纳（Jules Verne）的思想，也被打上了时代的烙印。当你想要创造的时候，你总是从已知的出发，然后向着现有知识的断层前进。越是占据主流的思维，就越会招致竞争思维的对抗。比如全球化的过度发展就带来了反全球化运动的兴起。

宗教和政治运动也可以从这个角度解读：马克思主义可以看作对 19 世纪工作条件的一种反抗，20 世纪 60 年代的反主流文化运动可以看作对越南战争的抵制，而凯恩斯主义经济学则可以被看作是对 1929 年股市暴跌的反应。

有时，这些“创造性反应”背后的逻辑并不总是直截了当的。摄影术的诞生为印象派的兴起做出了贡献，电影技术因为具有显示单一物体多个平面的能力而给立体主义带来了灵感，弗洛伊德对无意识的研究则对超现实主义的兴起起到帮助。当谈论到技术或工艺过程的时候，这种多米诺效应就更加明显：互联网兴起这一事件就释放了一系列连锁的创新反应。

思维是特定环境的产物。思维从环境中攫取得越多，它就越强大。只有最强大的思维才能腾飞。沉默而静止的思维是无生命的，不能在人与人之间实现传播，并将很快泯然于众思维之中。每天，互联网都呈献给我们很多全新的观点，但又有多少能成功一飞冲天呢？思维的起航需要助推的动力。

一场关乎未来的赌局

强大的思维不仅仅改变现有空间，也能够开辟新的空间。广告公司在其会议中进行“头脑风暴”，其目的是为了跳出框架进行创造性思考，从而在不同的范围、逻辑和维度中发现新点子。只有当时间和空间的差异与人的现存状态形成鲜明对比时，真正的新思维才能被创造出来。

最强大的思维预示未来，并对未来的形成产生重要的影响力。大部分白手起家的人都有预知未来走向的眼光，并能充分利用这种预知。很多预知互联网兴起的公司早在其大规模流行之前就开始提供互联网服务，诚然，在 21 世纪初互联网泡沫破裂的时候，很多公司都消失了，但那些能够坚持到底的就成为了赢家。

俗语“高风险，高收益”运用在思维上格外恰当。在极具潜力的思维上下赌注的人能成为大赢家（或者大输家）。举个例子，当让·克劳德·德高（Jean-Claude Decaux）第一次提出他的“城市互联家具”和“公交站广告系统”的时候，他太超前了，以至于市场需要去适应他的理念。如今的德高集团（JCDecaux）已在世界范围内获得成功，它较近的一项创新是巴黎公共自行车租赁系统 Vélib’，这个系统极其具有突破性。由于德高的坚持，公众最终接受了这个理念。

拒绝改变

很多时候即使是最好的思维也会陨落，成为拒绝改变的牺牲品。《创新的扩散》(*Diffusion of Innovations*) 一书的作者埃弗雷特 · M. 罗杰斯（Everett M. Rogers）将“德沃夏克键盘”作为了这种牺牲的例子。1932 年，华盛顿大学的一名教授奥古斯特 · 德沃夏克（August Dvorak）发明了一种专门适用于英语输入的键盘，为的是能够提高打字速度，并减少当时通用的 QWERTY 键盘的拼写错误。QWERTY 键盘是 1873 年发明的，采用 QWERTY 键盘的原因是它的速度比之前原有的键盘要慢，而原有的那种键盘因为打字速度飞快而导致打字机卡死。而当打字机已经足够坚固并能够承受快速打字的时候，我们也就没有必要固守速度较慢的 QWERTY 键盘了。此时德沃夏克开始考虑制造更高效的键盘。德沃夏克的键盘布局将 A、O、E、U、I、D、H、T、N、S 这些字母放在中间一排，从而保证 70% 的输入都能够在同一排完成。除了比 QWERTY 键盘更加符合人体工程学以外，德沃夏克的键盘布局能够让打字更飞速。事实上，美国政府曾考虑采用德沃夏克的键盘排布，但一项对专业打字员的调查表明，他们在QWERTY键盘上打字比德沃夏克键盘要快，因为他们已经适应了QWERTY键盘。最终，这一计划只能搁浅，德沃夏克键盘由此淡出了人们的视野。

拒绝改变在摒弃德沃夏克的发明中扮演了重要角色。替换打字机和重新培训打字员都需要大量时间、金钱和精力。尽管大部分电脑都能配置德沃夏克键盘，却只有极少的人熟悉这一键盘。因此，80多年后的今天，我们还在使用效率较低的键盘！①

伟大的设计师是那些能够坚持自己的思维，直到公众最终接受它们的人。当然，也有很多具有伟大精神的人带着他们伟大的思想离开人间，而这些思想在他们在世的时候从未被推崇。梵高（Vincent van Gogh）启迪了野兽派和印象派，但他却在彻底的默默无闻中死去，他在世的时候只卖出过一幅作品。乔纳森·斯威夫特（Jonathan Swift）②的这句话是很正确的："你能够通过以下迹象得知一个真正的天才出现在了世界上，那就是笨蛋们都联合起来反对他。"约翰·肯尼迪·图尔（John Kennedy Toole）的小说《笨蛋联盟》（*A Confederacy of Dunces*）的确是在他自杀以后才出名的！

---

① Everett Rogers，*Diffusion of Innovations*

② 乔纳森·斯威夫特，英国作家、政治家，《格列佛游记》的作者。——译者注

思维所处的气候

当大环境被各种传统思维占领的时候，我们就需要预见突破的到来。如果大家都往西看，那你就该往东看。对趋势的预测是非常关键的，因为新思维将由之产生。所有态度、观点和行为上的新浪潮都是创新得以孕育的土壤。老龄化带来了对保健产品日益增长的需求，那些能预见到这种趋向的品牌就获得了巨大的潜力。达能（Danone）就在 20 世纪 80 年代改变了它的宣传策略，把自己包装成保健食品和“功能食品”的提供者。如今的环保运动也让我们看到类似的例子：“绿色科技”的参与者们已经下了注，赌人们对生态的关注将日益增长。这些公司都非常有可能在未来几年获取巨大收益，而不是像很多前辈那样，由于对环保趋势的来临预测过早而没能看到黎明的曙光。

为思维领航与为飞机领航在一个关键意义上是相似的：你必须为天气的改变做好准备。在阳光明媚的天气里飞行与在乌云密布的天气里飞行很明显是不同的。很多思维都没能穿透云层，因为它们的领航员没有重视环境的变化和其催化作用，比如 2000 年互联网泡沫的破灭就导致很多具有极大潜力的初创公司倒闭。

难以预料的气流能够改变思维的航线，因此当思维穿越云层的时候，它将发现自己行进的路线是事先未曾计划过的。在重塑品牌的战役过后，Burberry 发现自己成了所谓“没素质的年轻人”（chav）所推崇的对象。这些人是典型的英国工人阶级青年，对作为 Burberry 品牌标志的格子图案非常钟情。这种钟情使得品牌偏离了自己的初衷，它本来想传递的是一个英国经典奢侈品的形象。① 一个相似的例子就是法国鳄鱼（Lacoste）品牌的“平民化趋势”，这一品牌在 20 世纪 90 年代在城市工人阶级青年中流行起来，使品牌陷入了非常尴尬的境地，因为它不想让自己成为上层巴黎人所疏远的对象，因为他们才是品牌原本想要对话的受众。政治、社会、经济或者文化环境都会让思维、观念、舆论不断摇摆，因而我们应该谨慎考虑环境的作用。

信息接受者的心态

传播行为在信息发出者和接受者之间构成了一条通路。由于信息的发出者常常很难知道抵达信息接受者的最佳路径，那么最好的方式就是去咨询传播代理机构，这些机构就是专门做这种工作的。有些大公司曾尝试在公司内部创作广告，完全不借助外界的力量，然而这些尝试大多都失败了。因为它们几乎一致缺乏对公司目标受众的洞察，比如，目标受众是谁，他们想要什么，以及如何向他们展示等。

为了有效地抵达信息接受者，我们需要对环境进行最为客观全面的分析。最关键的两点，一是要明确思维的“定位”，定位是广告人经常提到的词（在记者口中则是“角度”），这种定位是

① Claire Bothwell,“Burberry versus The Chavs”, *BBC News,* October 28, 2005.

与环境中其他对等的思维比较得来的；二是要决定思维的传播方式。如果你仅仅是重复人们已经知道的东西，或者你只是机械重复了竞争者说过的话，那么你的想法将无法取得成功。为了能够产生良好效果，你的每一条信息都必须要传递新意。

关注趋势

广告公司通常会雇用很多战略专家，这些人时刻关注着可能会使某些思维或产品红火起来的趋势，观察着那些能够创造新产品或产生重定位机会的社会和文化现象。菲多利公司（Frito-Lay）预见了人们对反式脂肪①的关注，因而在纽约市禁止餐厅使用反式脂肪的法令生效之前两年左右就将煎炸用油改成了玉米油或葵花油②。淡色“美国风”烟草在 20 世纪 70 年代到 80 年代的法国十分风靡，迫使高卢牌香烟（Gauloises）创建了“淡黄色”商标，从而有效地转变了方向，远离了它之前标志性的深色、浓烈烟草的形象。同样地，环保理念也为可持续发展产品打开了大门，比如“绿色”信用卡，它让使用者能够将刷卡积

① “Frito-Lay Eliminates Trans Fats from America’s Favorite Salty Snacks: Doritos，Tostitos and Cheetos”，Frito-Lay Press Release archive（September 24，2002）.

② Thomas J. Lueck and Kim Severson，“New York Bans Most Trans Fats in Restaurants”，（December 6，2006）.

分运用在环保事业上。

当下的环境应该被视为推动新思维和新产品发展，而非抑制其发展的工具。环境迫使我们去识别那些于我们有利的趋势和观点。思维若要产生影响力，就必须与当前的时代合拍。在法国，广告人经常说“il faut enfoncer les portes entrouvertes”，大概意思是说，你必须打破那些难以打开的门，从而成为第一个获利者。那些能够在新思维新浪潮之上搏击的品牌将获得丰厚回报。

品牌利用环境牟利的一个绝佳例子就是百事（Pepsi）公司。2009 年，百事刚刚为其新商标揭幕，这是一个更具流线型的标志，和奥巴马 2008 年大选时的“希望”（Hope）标志极其相似。此外，奥巴马所传递的乐观讯息也与百事的新哲学“刷新一切”（Refresh Everything）完美契合。奥巴马就职演说的那一天，百事成功在华盛顿展开了全市范围的游击营销：在地铁和公交车站贴满了海报，上面写着“是的，你行”“希望”和“改变”，海报上每一个字母“O”都用百事的新商标代替。百事的销售代表向人群分发带有激励性标语的小徽章，以及非常具有创意的明信片“刷新美国，刷新一切”，让人们可以寄给总统。

当然，与流行趋势相违背的思维也能够发展。在一群“是”里面成为那个唯一的“否”将使你拥有特别的角色。就像在政治中，极端主义者通常比中立派更加惹眼。尽管与潮流格格不入会迫使你成为时刻准备战斗的少数派，但也同时让你能站在一个特殊的位置发光发热。

极端行为是快速引发关注的一个简单的方式。绿色和平组织（Greenpeace）在行为方式上十分激进，因为在它建立之时，环保运动还没有在国际政治层面被认真对待。1971 年，13 名和平主义示威者由加拿大环保活动家保罗·沃森（Paul Watson）带领，乘坐渔船 Phyllis Cormack，前往阿拉斯加海岸的阿姆奇特卡岛（Amchitka）抗议在该岛进行的地下核武器试验。多亏了他们的努力，阿姆奇特卡岛核试验才于年内停止，而这个岛也最终成为了鸟类保护区。①

一项事业要取得成功，就需要制造极具吸引力的理由，从而突破其创始阶段的局限，获得更多人的支持。人们普遍认识到，当思维取得一定数量的支持者后，就会出现瓶颈。为了突破这个瓶颈，思维必须点燃第二阶段的推进器，找到能吸引更多人的新理由。在法国，激进的右翼政治家让–马里耶·勒庞（Jean-Marie Le Pen）就是一个反例，他经常拒绝缓和他那些煽动性的言辞。这种拒绝在“酒”里掺“水”的做法对法国人民来说是一件幸运的事，因为这样一来，他领导的政党对于主流公众的吸引力会下降，而不会像欧洲其他极端激进的右派政党那样，通过以较为温和的主张吸引民众来攫取权力。

经济领域也一样。苹果公司就是另一个例子，它为自己

① “The history of Greenpeace”，http://www.greenpeace.org/international/en/about/history/.

的“强硬路线”付出了惨痛代价。多年来，苹果一直拒绝与英特尔、微软以及整个个人电脑行业兼容，这使得这个总部设在加利福尼亚的品牌成为了一个小众产品，这种状况一直持续到苹果最终屈服并改变策略：让产品与个人电脑兼容。

要对抗现状，你需要同盟。如果你想要保持激进，就只能赌未来，期望这个世界将会赶上你的脚步，欧洲的核能问题就是一个好例子。法国政府很长时间以来都在投资核能，期望达到能源独立，而这种行为与当时的生态理念背道而驰。20年后，能源独立对很多国家来说已经成为了地缘政治的重中之重，而核能也被视为石油最好的替代品。由于没有二氧化碳，核能被视为清洁能源（且不论核废料这个仍然棘手的问题）。一些法国最严厉的批评者，比如德国，也已经改变了它们在核能问题上的立场，转而追赶法国的脚步。然而，在日本福岛核泄漏之后，核能在德国的发展趋势明显放缓。这向我们展示了单一事件会在多大程度上改变思维的贯彻落实。

环境方面的这些变化并非以线性方式出现，而是会经历一些断裂和加速。以健康食品为例，很长时间以来，它都被归类于特殊食品，最好的待遇也就是在主要超市里占据一两排货架。而当环境和人们的想法发生改变的时候，仿佛突然间，保健食品开始备受关注，而那些常年来占据保健食品市场的品牌则一跃成为了主流品牌。当潮流转向你这边的时候，你越坚定，越纯粹，就会因为这份前瞻性获利越多。

弄　潮

尽管大多数思维都需要拥有与众不同的元素，但它们并不需要极端叛逆。那些完全违反常规的思维是非常少见的，并且常常要承担被边缘化的风险。思维的成功并不需要它走到边缘，突出其与众不同的要素就足以精确界定出思维的领土，换句话说，思维需要决定挑战什么传统或者强调哪种趋势。

想象一个为战胜某一疾病而建立的组织。这个组织需要和所有其他宏大的事业竞争，来动员更多的人，而致胜的关键就在于判断出哪些趋势是驱动发展的引擎。这可以通过一些简单的方式达到，比如一位流行病学专家对组织的支持，也可以通过长期电视宣传或者展示有关这项事业的研究成果来实现。思维必须要进行环境分析，找到驱动力，这些驱动力能够使你穿透饱和的市场，在所处环境中游刃有余。如今，所有新产品上市都需要做这些工作，知道如何利用当下环境是一种必须，有时甚至要伺机而动。

在 2007 年法国总统大选中，三位主要候选人的形象被用来声援 AIDeS。AIDeS 是法国最重要的艾滋病行动组织，它之前曾打出户外广告，提请人们关注艾滋病患者。广告中的名人“询问”过往的行人，如果自己是艾滋病患者，知名度是否将会受到影响。而在总统大选时，这个组织采用了相似的方式，只是改变了海报上总统候选人的发问："如果我艾滋病病毒（HIV）测试呈阳性，你还会给我投票吗？"这种利用环境和时机进行宣传的策略可以说是非常成功的。

环境永远不是被动的，它是主动的。有些公司和品牌总有能力与现实保持相关性。以维珍集团（Virgin）为例，它由一位天才玩家理查德·布兰森（Richard Branson）创建，这个品牌十分多元化，它根据市场的需要建立了多个部门，从唱片公司到航空、铁路，甚至还有婚庆商店！

1984年，在奥里维埃罗·托斯卡尼（Oliviero Toscani）担任贝纳通公司（Benetton）的市场总监时，公司开始结合当下语境，在其广告中触及种族问题、艾滋病、环境破坏等从未在主流服装品牌宣传中出现的争议性主题。① 然而，贝纳通是一个令人警醒的故事，当它变得过于政治化和过于有争议后，它就偏离最初的标语"贝纳通色彩联合王国"（United Colors of Benetton）太远了。

品牌利用当下环境，但又不会因追随环境的变化而变得分散混乱的方法是创造品牌的核心的表达方

---

① Kim Foltz，"Making a Difference；Igniting Debates through Ads"，*New York Times*（February 23，1992）.

式。品牌的核心表达方式是支撑品牌的脊梁，它能让品牌实现多元化的同时保持其同一性。在传播中，我们称之为“品牌理念”(brand belief)。从品牌的传播，到它的产品和服务，到它的研发和人力资源，品牌理念应贯穿始终。在企业中，一个好的品牌理念能持续十年之久，卓越的理念则能持续20年，普通的理念持续大约三五年时间，而糟糕的则在诞生不久就被遗忘了。

“Think different”(非同凡想）之于苹果，就是一个绝佳的品牌理念，正是它激励这家公司走到了今天。这句座右铭准确捕捉到了史蒂夫·乔布斯和史蒂夫·沃兹尼亚克（Steve Wozniak）这两位创始人的开创精神。虽然“Think different”这个广告已经播出很多年了，然而在苹果公司位于库比蒂诺的总部仍然到处可见这个标语。

“Just Do It”(想做就做）是另一个非凡的品牌理念，它改变了整个运动服装和运动鞋市场，而耐克（Nike）正由此获利。菲尔·奈特（Phil Knight）具有先见之明，他一反常规，预见到了个性化运动的新潮流。“Just Do It”是对个人自由的赞歌，唱给那些走出运动场，在大街上随心所欲奔跑着的运动者，也唱给个人成长这个更为宏大的主题。

耐克是在新趋势中诞生的，而苹果则是对机器统治人类世界进行批判的结果。苹果离经叛道，而耐克则抓住了新潮流。两个品牌都拒绝遵循传统逻辑，转而探寻正在成长中的边缘思维。

如前所述，为了制定出好的品牌理念，你需要决定哪些传统是你想要推翻的，哪些问题是你想要解决的。当思维针对的问题越普遍、越重要、越难解决，它就越强大。这种方法论兴起于20世纪80年代末的市场营销领域，被称为“颠覆”（Disruption）理论。它由法国著名广告人让-马里耶·德鲁（Jean-Marie Dru）提出（我与他一起工作非常愉快），力图通过推翻传统来创造思维。颠覆的核心可以由一句简单的发问“如果……会怎样？”来总结，它展现了思维的发掘过程，而这一过程可以被运用在我们日常生活的方方面面。为了创造，我们必须想象事物能够与众不同。

许多著名的“如果……会怎样？”式的追问证明了这一思维发掘过程的有效性。“如果地球不是宇宙的中心会怎样？”（哥白尼）“如果病菌能够帮助我们治愈疾病会怎样？”[巴斯德（Pasteur）①] 如果我只画我看到的东西，而不是去取悦其他人会怎样？”（莫奈）“如果无意识是像语言一样构成的会怎样？”[拉康（Lacan）②]“如果我用背部着地，而不是用脚落地会怎样？”[迪克·福斯贝里（Dick Fosbury）③]“如果机器是为人的创造力而造会怎样？”（史蒂夫·乔布斯）。

很多关于未来的“如果……会怎样？”的发问已经在进行中

① 巴斯德，法国微生物学家，化学家。——译者注
② 拉康，法国心理学家。——译者注
③ 迪克·福斯贝里，美国跳高运动员。——译者注

了："如果汽车能够自动泊车会怎么样？"① "如果我们能下载并打印 3D 物品会怎样？"② "如果我们能把信息储存在细菌的 DNA 中会怎样？"③ "如果我们能在试管内'种肉'，从而避免屠宰动物会怎么样？"④ 所有这些场景或者已经存在了，或者在不久的将来就会成真。

创造环境

现如今，品牌和公司都需要快速见效。它们在不停地观望寻找着能让自己比对手获利更快的"颠覆"。

当然，这些品牌也能够改变环境，从而创造出于己有利的形势，这也是说客的角色之一。作为一种职业，说客在法国经常被贬低，而在盎格鲁—撒克逊文化中则能被接受。伦敦在申办 2012 年奥林匹克运动会时击败巴黎，就是一个展现说客力量的绝佳例子。对于如何用精准的论述来赢得国际奥林匹克组委会的青睐，英国人比他们的法国对手懂得更多。

---

① Associated Press, "Ford Announces New Self-Parking Technology", 2 January 2009.

② Rachael King, "Printing in 3D Gets Practical", *Business Week* (October 6, 2008).

③ "Researchers Store Data in Bacteria DNA", Associated Press, May 16, 2007.

④ Alexis Madrigal, "Scientists Flesh out Plans to Grow (and Sell) Test Tube Meat", *Wired* (April 14, 2004).

改变环境有很多方式，广告就是其中之一。它给受众戴上有色眼镜，使他们用欣赏的眼光看待你的公司和产品。至于传播方式，则既可以直接通过电视机和平面媒体获得曝光，也可以间接通过意见领袖来传扬。后者一般指的是一些值得信赖的媒体人，这些人就其职业定义上来说是对客观事实的报道负有责任的人，或者至少这是他们追求的目标。当我们谈到改变公众舆论的时候，媒体人往往起到重大的作用。

有时候，你必须要知道如何改变你自己去适应一个新环境。通过将自己的名称更换为“MCI”，世通公司（Worldcom）期望人们会忘记它过去的金融丑闻。同样地，黑水公司（Blackwater）与伊拉克战争、阿富汗战争关系密切，因此它给自己改名为无毒无害的“Xe Services”，以求改变它声名狼藉、暗箱操作的私人军事承包商形象。事实上，改变环境是一件复杂而耗时的艰难工作，因此对这些公司来说改名字更简单更实际。

所有这些行为的目的无非都是要改变公众的认知。跨国制药企业会在发布一种新药或新疗法之前花很多金钱和时间来改变医生、意见领袖（媒体人）和病人的认知。事实上，塑造公众意见的技巧从古希腊时期就已经开始为一些优秀的政治家所使用。不幸的是，这些策略也会为独裁统治所用，它们通常都用政治宣传的手段来维护自己。不论目的是好是坏，在人类的“精神圈”里，表面上的“真相”常常会掩盖事实的本真。我们必须要明白的是，为了改变人们的行为或推行新的思想，引导公众舆论是首要任务，这是传播型社会的新真理。

第 4 章
颠覆与破坏

“思想如果不具有危险性，它就根本不值得被称为思想。”

——奥斯卡·王尔德（Oscar Wilde）

如果个人的自由终止于他人自由开始的地方，那么新思维就开始于它烦扰到另一种思维的地方。若新思维代替了旧思维，那它要么生而具有颠覆性，要么必须变得有颠覆性来求取占据主流的机会。“颠覆”（subvert）这个词包含了拉丁文的“sub”（在下面）和“vertere”（改变），意思是将原先在下面的放到上面来。这就是思维的命运：要么占据主流，要么始终被人忽视。

破而后能立

假若节能灯泡是我的新点子，这个点子可能会引向一个与传统灯泡市场形成竞争的新市场的形成。如果这一切都顺利实施，那么节能灯泡将最终导致传统灯泡市场的消失。劲量（Energizer）和金霸王（Duracell）等碱性电池代替了 Leclanché 和马自达（Mazda）等碳锌电池，这一过程展现了同样的道理。

基督教在其形成的时代也可被视为具有颠覆性。《路加福音》1:52 章节中写道：“他叫有权柄的失位，叫卑贱的升高。”

我们不能在认知失调的状态下生活，也就是说，我们不能同时接受两种完全相反的思维。因此，每一种新思维都会摧毁一种已经被接受的旧思维——思维的破坏能力正是其活力的源泉。相信地球是圆的就抵消了地球可能是平的这一概念。一种思维往往仅能在严格意义上抵消单一思维，淘汰多个思维的情况是非常少见的。

菲利普·米歇尔是一位著名的法国广告人，他相信思维是在精神对象的碰撞对抗中产生的："认为不去破坏先前的体系就能进行创造是不切实际的。这就是为什么广告要使用对比、讽刺、挖苦，甚至残酷去推销一个点子——这些手段都是具有破坏性的。"①

并不是所有的旧思维都会死在垃圾堆里。它们中的大多数仍存活着，但是很多都已被弃之不用而失去了活力，或者不再被传播。有时候，新潮流能使这些思维复活。我们能在时尚界观察到这种轮回的不断上演：从流行迷你裙到流行长裙，最后又回到迷你裙。所谓的怀旧和复古，其实就是青年一代在复兴过去的思维和风格。

旧思维极少会一下子消失：它首先会失去它的光彩，然后慢慢淡出。当思维失去力度的时候，人们就会忘记它。达达主义运动是艺术和文学史上最具创造性的浪潮之一，然而不到十年就销声匿迹了。它是那种已经颠覆到了骨子里的运动：所有艺术的、政治的、日常的陈规都会被它质疑。也许这正是达达主义自不量力的地方，在它想要颠覆每一个细枝末节的时候，它就损耗了前进的速度，从而很快陷于停顿。

① Philippe Michel & Anne Thévenet-Abitbol.

艺术界向我们展示出，所有主要的意识形态终究会被后来的意识形态颠覆。抽象派绘画紧随超现实主义，而后者又兴起于立体主义之后。每一种新潮流都质疑和排斥占据主流的“学院派”和所谓的正统绘画风格。

大多数人都没有问过自己这样一个问题：我的思维能破坏什么？它又能改变什么？然而，正是思维的颠覆性赋予了它在人与人之间传播的能力，无论这种传播是有意识的还是无意识的。

革命性的思维和温和的破坏

有些思维从一开始就声明了自己的革命意图。有些思维是通过其命名来完成这件事的。比如，“反全球化运动”这个名字就毫无保留地展示了自己的定位，即新自由主义全球化的替代，其运动的标语是“另一种世界是可能的”。这一运动旨在反对一些全球机构，诸如世界贸易组织、国际货币基金组织、G8 峰会和世界银行，等等①。有时，革命性并没有特别体现在命名上，而是体现在标志性的宣言上。一个极佳的例子可能就是马克思主义“阶级斗争”(class struggle) 这个术语的运用，或者是苹果的“Think different”。

然而，思维的煽动力量并不总是清晰可见的。这种力量悄悄

① Geoffrey Pleyers，*Alter-Globalization.*

蔓延开来，有时人们很难觉察它们的破坏性。“和平与爱”（Peace and Love）和“Just Do It”等口号都具有温和的破坏性——它们质疑现状，却没有虎视眈眈。这些口号与传统相分离，承诺建立一种新的世界观并期待人们逐渐依附过来，从而逐步侵蚀它们想要替代的旧思维。我们日常生活中大多数的思维都声称自己比以前的思维更“有用”或能带来更多的快乐，从而实现在人群中的传播。事实上，无论是化妆品、电子产品还是营养品，新产品对老产品的替代大多是温和的进步，很少是革命性的飞跃。iPhone 1 与 iPhone 6 的差别其实是很大的，但消费者很难察觉，因为这种差别是累积形成的，每一次推出的新产品都仅仅是对老一代产品温和的革新。

悖论赞歌

违背常理的表达使得品牌与占据主流的传统思维相分离，它是传播最有效的方式之一。时代啤酒（Stella Artois）那句著名的标语“我宁愿渴死，也不喝平庸之酒”(I’d rather die for thirst than drink from the cup of mediocity) 就是这一方法的例证。这个啤酒品牌本可以在广告中专注于酒本身的品质，然而它却别出心裁地将所有竞争者都划归为“平庸”之酒，从而将饮用时代啤酒的人捧上了高位。

另一个例子来自哲学：对存在主义来说，“存在先于本质”①；对女性主义来说，“女人并非生就的，而是逐渐形成的”②。这些违背常理的说法就像谚语一样，阐明了一些新的真理。模因论（memetics）是一种致力于研究模因（memes，可模糊地定义为具有感染力的思维）③的新的科学，这一领域的研究显示出，谚语是非常容易被传播和使用的。的确，传统的谚语仍然具有巨大的影响力，诸如“好事多磨”（good things come to those who wait）、“双鸟在林，不如一鸟在手”（a bird in the hand is worth two in the bush）等说法代代相传。而有些最经久不衰的谚语正包含了悖论，比如“跛鳖千里”（slow and steady wins the race）。

佛教禅宗的公案包含一些以内在矛盾引发反思的言论，这些公案也运用了同样的悖论传播方式。诸如“一只手拍击出的是什么声音”“当什么也做不了的时候你能做什么”，这些冥想都是特意为了唤醒觉悟而进行的发问。

悖论的价值在于它们搅乱我们心神的能力，从而引发大脑的思考。这就是为什么悖论十分容易被记住的原因。最好的悖论是那些被人们合力创造出来的。共创是复制的秘密所在：从“这是我的想法”到“这是我们的想法”，这种转变让每个人都成为了联合制作人，从而促使人们为了自己创造出来的思维而奋斗。更重要的是，当人们身体

---

① Jean-Paul Sartre，*Existentialism is a Humanism.*

② Simone de Beauvoir，*The Second Sex.*

③ Richard Dawkins，*The Solfish Gene.*

力行参与了某一思维的创建时，这一思维就会在他们心里深深扎下根。

我们不能小觑这些能俘获人心的思维所具有的力量，它们知道如何利用它们的逻辑、追随者和表达方式来巩固自己。雷蒙·布东（Raymond Boudon）是一位法国社会学家，也是《自我说服的艺术》(*The Art of Self Persuation*)这本书的作者，他相信社会中人能够在完全不知情的情况下，遵循不完善的、错误的思想，或者传播占统治地位的教条。这说明思维一旦扎根于心，它的力量是非常强大的，哪怕它是一种谬误。

一些意味深长的词句同样包含着巨大威力，它们能让某些情绪和偏见扎根于心。诸如“第三世界”“残废”“非法入境者”，它们在人的脑海中留下了诸多负面的形象。为了改变这些根深蒂固的负面印象，“政治正确”的术语随即登场：现在我们用“发展中国家”“运动障碍”和“无证工人”来表达同样的意思，传递的却是不同的情绪。传播思维的时候，语言的力量常常是决定性的。

法国诗人兰波（Rimbaud）的诗作《幽谷睡者》(*Le Dormeur du Val*)以田园诗一般的景色开头，描写了一名士兵的沉睡。慢慢地，读者意识到这名士兵其实已经死去了，而他的“沉睡”实质是死亡。和这首诗一样，大多数反常的思维乍看起来并没有什么异常，然而当悖论被揭示的时候，这一思维就会传播得越来越快。展示思维具有颠覆性的一面是增加其吸引力的好方法，彰显的颠覆性将助益思维的传播。

当新思维撼动已被接受的观念时，它经常迫使旧观念改变或重新定义自己，比如所谓的奢侈品民主化就迫使高端品牌用更强烈的文化和艺术符号进行重定位。较差的思维就如同物理中的低噪音一样，能够与强大的思维共存，而不会被完全排除在外。因此面向精英的奢侈品牌能够容忍民主化的奢侈品牌。然而，虽然弱的和强的思维能够并存，但两种强思维却不能，比如地球就不能同时既是平的又是圆的。通过定义就能知道，思维越具有革命性，它就越不能容忍在它之前的那种状态。

思维辩证法

广告人传播思维的一个经典方式是通过比较示范。不知道有多少洗涤剂广告通过比较白衬衫来向你展示哪个品牌洗得更干净。然而，带有荒谬性的展示会比经典的“洗涤剂”比较法更有效。

以帮宝适（Pampers）的一个广告为例：比利时布鲁塞尔有个著名的喷泉——“撒尿的小男孩”，在穿上了帮宝适的尿布之后，他大庭广众下的撒尿行为由此被终结，帮宝适的优越性能得到了充分展现。虽然在逻辑上讲，这种展示对帮宝适并无用处（尿布不能永久吸收喷泉水），然而从主观上来说，观众们看到短时间里帮宝适确实止住了尿湿，他们会认为：“帮宝适不仅有效，还很有趣。”这种荒谬的形式比在尿布上倒杯水的展示要有力多了，因为它更多地触动了我们掌管情感的右脑，而不是掌管逻辑的左脑。荒谬的手法是广告中最有效的方式之一。

让人们产生对于思维的依附将使思维显得更真实。一旦沉溺于某一论证，人们就会对其格外忠诚。他们会对自己说：“奇迹证明了耶稣是上帝之子，这是真理”（基督教）；“工人必须解放他们自己，这是真理”（马克思主义）；“感情和想象同思维和理智一样强大，这是真理”（浪漫主义）；“机器必须适应于人的创造力，这是真理”（苹果主义）。但是这些所谓的“真理”并不总是客观真实的，它们常常是人们为了加强自身已有的信念自己制造出来的，它们的存在给予了人们相信的理由并让人们的大脑感到舒服。这就是为什么撼动某些信念是非常困难的：直到 1956 年布达佩斯暴动，让-保罗·萨特（Jean-Paul Sartre）和其他一些法国知识分子才开始质疑他们对斯大林主义的信念。

思维的影响力

为了让占据主流的思维失去效力，与其对立的思维必须全副武装。推出新思维应该像发射一枚导弹那样，将其装满弹药，以巨大的破坏力在传统思维领域炸出一片新战场。绝佳的新思维应该让我们感觉到：“事情将永远不会像从前那样了。”

为了确立自己的偶像地位，你就得先让其他的黯然失色。一旦你摧毁了曾经的信条，或者至少将其逐步瓦解，一个崭新的、更有生机的信仰就会跃入人们的生活。那些对其周围的事物几乎没有影响力的思维将处于自我毁灭的危险下。事实上，又有哪些新思维是对其他思维没有破坏性的呢？

当然了，对一些人来说是革命性的事物可能会让另一些人哈欠连连。极少数的思维会将我们全部的生活方式都置于质疑之下。大多数思维仅仅会质疑我们信念的一小部分。然而，强大的思维常常表现为一种与传统的决裂。

与一些人所想的相反，决裂并不是破坏的同义词。决裂并不意味着摧毁我们所有的习俗。它是要找出那个应该被反抗的习俗，从而让人们从一些无谓的事物中解脱。决裂是为了剪断束缚我们翅膀的绳索。

当汽车制造商发布一款新车的时候，其目的不是为了改变品牌理念，品牌理念应是具有持久性的，这样做的目的往往是为了撼动某一细分市场中的成规。Tata Nano 制造出全世界最便宜的车型，这就是它成功的原因，而日产聆风（Nissan Leaf）和雪佛兰沃蓝达（Chevy Volt）的成功则基于它们的环保理念。这些新思维比创新更进一步，它们可以被视为革命。

有时，单一细节能够产生很大的不同。在“Think different”的精神指引下，苹果将 iPod 耳机设计成白色，与其他制造商生产的传统黑色耳机在形式上形成了割裂。这一创新是十分微小的，甚至可以说是表面的，然而它却具有很大的影响力。即使你把 iPod 放在口袋里，白色的耳机线也能显示出你拥有一款苹果产品。这种“显示”的另一种效果是通过一种“模仿”的心理使得更多的人想要得到苹果产品，因为人们常常欲求他人所拥有的事物。苹果仅仅通过一个细节的改变就制造出了多重效应，并由此获利颇丰，有关这一点只需要看一眼 iPod 的销售数据就能知晓。

向公众讲述他们已经知道的东西是毫无意义的，因为我们所交流的常常是新鲜事物，因而每种思维都应该具备颠覆性。决裂的程度可以用来解释和测量一项创新的威力：这项新思维提供了什么新视野？创造了什么新秩序？它改变了所处世界的结构吗？它具有革命性吗？

在一个方向上走得太远，就会给相反的视角带来发展的机遇。颠覆不仅仅指新事物颠覆旧事物，也可以是相反的情形：若发展进步的概念被过度宣扬，它就成为了一个可以被削弱和颠覆的概念，而复古则将跃升为潮流。当达能将它那包含新分子的健康酸奶碧悠（Activia）推向市场时，优诺（Yoplait）则与其相反，开始加强生产甜品风格的“醇厚丝滑”（Thick and Creamy）的酸奶；路易威登（Louis Vuitton）也在工业潮流中反其道而行之，坚持“和旧时一样”，用手工制造皮具。那些宣称“和旧时一样”的品牌往往能够通过对过度进步的反对来获取自己的力量。在这些传统与进步的你来我往中可以看出，思维的力量也取决于与其对话或对抗的相反思维的力量。

决裂不是传统的对立面，它仅仅是对传统提出挑战。如果传统主张人们必须穿戴整齐才能离开居所，决裂并不意味着我们应该裸体出门，而可能是主张我们应该穿条丁字裤，成为一个“穿衣的裸体”，一个引发革命的悖论。这是多么具有颠覆性的着装风格!

第 5 章
代言人之力

“我不能理解为什么人们害怕新思维。我则害怕旧思维。”

——约翰·凯奇（John Cage）[1]

① 约翰·凯奇，美国先锋派古典音乐作曲家。——译者注

基督教若没有耶稣会怎样？超验主义若没有爱默生和梭罗会怎样？印象派若没有莫奈会怎样？又或者，“苹果主义”若没有史蒂夫·乔布斯会怎样？思维的存在需要一位代言人。

先知在他自己的国度里没有荣誉

代言人并不一定需要是思维或产品的发明人。事实上，历史常常是不公的。乔布斯并没有发明 MP3 播放器，第一款播放器是 MP3Man，它在 2001 年 iPod 发布之前已经上市三年。① 然而是 iPod 创造了数字音乐的大规模运动，将来的人们也无疑会将这款产品看作第一款 MP3 播放器。

类似地，索尼的创始人盛田昭夫被给予随身听发明人的荣誉。然而最近的曝光称，这种个人音响播放器的发明者是一位德国发明家，名叫安德烈亚斯·帕维尔（Andreas Pavel），他早在 1977 年就获得了专利。为此，索尼公司需要支付赔偿金给随身听真正的发明人。②

为了能够发扬光大，思维需要卓越的包装和营销，以

① Eliot Van Buskirk，“Introducing the World's First MP3 Player”，CNET Reviews，reviews. cnet. com（January 21，2005）.

② Larry Rohter，“Portable Stereo's Creator Got His Due，Eventually”，*New York Times*（December 16，2005）.

及一位能够胜任的代言人或诠释者。歌星所唱的曲目尽管不是他们自己写的，但他们能吸引观众，从而让歌曲流行起来。同样地，专家和名人的支持常常能为产品赋予正统性。为了让品牌更“潮”，像凯特·摩丝（Kate Moss）、大卫·贝克汉姆（David Beckham）或者斯嘉丽·约翰逊（Scarlett Johansson）这样的明星曾经被使用过多少次啊！

当新思维被公之于众的时候，它的初始表达方式应该能保证它在人与人之间的有效传播，同时又不损害它的统一性。它的首位诠释者的任务就是要将它送入正轨。有时思维本身太过出众，代言人的问题根本无关紧要，但这种情况几乎很少发生。比起使用不知名的演员，在电影里引入一张著名的面孔会吸引更多的人去观看。多亏了这些诠释者，思维才能够抵达它的受众。我们不能小觑首次亮相对成功的重要性，像电影、书籍、电玩等产品都是很好的例子。电影上映的第一周影响了它最终的成败，就像俗话说的，你只有一次留第一印象的机会，一定要把它完成好。

如同诸多无名士兵一样，一些重要的思想有时也有着无名的（或者没名气的）创造者。达达主义可能非常有名，但是很少有人能说出它创始人的名字：特里斯唐·查拉（Tristan Tzara）。我们都听说过绿色和平组织，但只有地道的环保主义者才会知道这个组织是罗布·亨特（Rob

Hunter）创建的。有时思维本身太过强大，强大到超越了它们的创始者而拥有了自己的名气。

然而，这都不应阻碍我们在代言人上的投入。很少有人既能创造，又能胜任其创造成果的营销工作，营销是一项单独的技能。实验室不会让研究人员去售卖他们自己的成果，它们有专门的营销和传播机构，并且会就包装和广告事宜咨询传播代理公司。就是在传播代理公司内部，趋势研究、信息界定和发布会策划等职能也是与影片和广告制作等创意职能分开的。这种分割基于一句谚语：人很难客观评价自己的工作。

有些好的思维早早地摆脱了它们的创造者，那就需要用其他的代言人来弥补。思维的能量并没有改变，改变的仅仅是它呈现给世界的方式。思维与其创造者分离的好处在于每一位推动者都会将自身视为这一思维的共同拥有者——有时甚至是共同创造者。我们能在互联网的发展中清楚地看到这一点，维基百科（Wikipedia）和火狐（Firefox）浏览器就向所有人开放，没有任何人能独享，因而每一个用户都会感受到自己对这份集体成果是负有责任的。2008 年，当最新版的火狐浏览器推出的时候，Mozilla 基金会邀请火狐的用户参与“下载日”活动。最终，火狐以 24 小时内 800 万的下载量击败了之前的吉尼斯世界纪录！①

Linux 的例子也同样具有启迪作用。Linux 的主要开发者（与

① “Mozilla Sets New Guinness World Record with Firefox 3 Downloads”, Mozilla Foundation Press Release，2 July 2008.

产品同名）林纳斯·托瓦兹（Linus Torvalds）由于开发了这款能替代微软的免费操作系统而成为了互联网之星。如今，托瓦兹持续关注着 Linux 的开发，但他已经没有了系统的控制权，因为这个系统正被世界各地的程序开发者持续不断地更新完善。Linux 已经与其创始人分离得太远了，以至于大多数人都以为 Linux 是公司图标上那只企鹅的名字。让用户参与到产品中并负有责任是一个绝妙的主意：这些用户将会长期忠实于这款免费产品。

很多品牌都是以其创始人命名的，比如福特（Ford）、迪士尼（Disney）、摩根大通（JPMorgan）、香奈儿（Chanel）、金宝汤（Campbell's）等。很多有声望的品牌以其创始人命名的原因并非必然出于创始人的自我陶醉，而仅仅是品牌在创立之始能够得益于其创始人的声望。

找到正确的代言人

思维能够不借助任何人而成功，但如果有一个好的代言人为其加速，将能获益良多。当一位知名人士支持某种观点的时候，这种观点将得益于这位知名人士的影响力和关系网。如今，品牌极其热衷于寻求有影响力的“网络大 V”的支持，从而在整个网络中广泛传播。思维最为理想化的扩张条件是：寻找最大的颠覆性；考虑推出时的环境因素；培养长期的差异化因素；找到一个好的代言人。对于卡尔·马克思、史蒂夫·乔布斯和理查德·布兰森等人来说，他们天生就掌握了这些技巧。

如果创始人已经有了名誉，他的思维将获得更多的正统性。本杰明·富兰克林（Benjamin Franklin）的发明将会比一个业余发明家的成果有更多成功的机会。但作为智能芯片①的发明人，罗兰·莫雷诺（Roland Moreno）却向世界证明，一个制造了革命性成果的人可以毫无名头。然而可惜的是，他的发明直到专利过期才被采纳。

当然，仅仅创始人有来头是不够的，还必须转换思维的表达方式，让其所处的时代、环境和意见领袖能够接受，能得到意见领袖的支持对思维来说是具有决定性优势的。互联网作为万网之网也无法改变这些成功的条件，无数的思维在网络上流传，但只有那些获得了意见领袖不断支持的，才能进一步发展。举例来说，网络电视网站Joost是由Skype和Kazaa的制作人创建的，它在线上流行起来仅仅用了几个小时，然而它却没能获得意见领袖后续的支持，因而没能长久地走下去。即便有了好的创始人，Joost也并没有获得预期的成功。②

跨越障碍取得成功需要坚持不懈，有些创始人在成

① http://en.wikipedia.org/wiki/Smart_card.

② Stan Schroeder，"The Joost Story: Sometimes，Good Projects Also Fail"，Mashable（July 1，2009），http://mashable.com/2009/07/01/joost-fail/.

功之前经历了很长一段艰难的时期。保守派维持现状的力量往往十分强大，文森特·梵高死后成名的例子经常被作为最坏的情况来引用；奥地利植物学家孟德尔（Gregor Johann Mendel）也是一生籍籍无名，而今却被人们尊为遗传学之父。

因此，有一个好的代言人来传播思想是非常重要的。基督教应极大地归功于圣保罗的笔，他是在替圣父和圣子写作。耐克的名声则在很大程度上得益于迈克尔·乔丹（Michael Jordan），乔丹的形象使得创建者菲尔·奈特的思维得以真正具体化。理想的代言人必须掌握他所代言的思维或产品的理论和实际知识。

当然，没有什么比名人无私、自愿地支持产品更有效果。彪马（Puma）在20世纪90年代中期几乎处于垂死状态，可忽然间，人们目睹麦当娜（Madonna）、布拉德·皮特（Brad Pitt）和莱昂纳多·迪卡普里奥（Leonardo DiCaprio）等明星纷纷身着彪马出行。很少有人知道，这个看上去“突如其来”的流行趋势和“无利益瓜葛”的明星青睐其实是一位好莱坞制作人的天才营销手笔，而他那时刚刚成为了彪马的股东。①

即便代言人是拿报酬的，他仍然能够显得可信而有

① Joann Muller，“Puma forges Hollywood link shoe maker，film producer plan joint marketing efforts”，*Boston Globe*（November 7，1996）.

效。我们都知道凯特·摩斯和勒布朗·詹姆斯（LeBron James）等明星是拿报酬做广告的，但这并不妨碍我们去买 Longchamp 包和耐克鞋——相反地，人们会买得更多。因为人们往往会“赋予”名人某种道德感，想象他们永远不会因为金钱诱惑而去支持他们不喜欢的东西。很多广告摒弃了对着观众说教灌输的低级形式，转而通过幽默的手法让观众和品牌在更高的层次上以更高级的方式交流，从而建立起观众与品牌的“默契”，增加了信息的可信性。20 世纪 80 年代斯派克·李（Spike Lee）导演的耐克广告就利用这一手法，将迈克尔·乔丹演绎成超级英雄，让他站在斯派克·李扮演的古怪而笨拙的马克斯·布莱克蒙（Mars Blackmon）旁边。这种具有讽刺意味的有趣场景创造出了品牌联结观众的情感纽带，观众与品牌对广告背后所要表达的含义“心照不宣”，并淡化了品牌和明星之间的金钱关系。

在慈善事业中，不拿报酬的代言人是极其有影响力的。像奥黛丽·赫本（Audrey Hepburn）代言联合国儿童基金会，卡拉·布吕尼–萨科齐（Carla Bruni-Sarkozy）为抗击艾滋病、肺结核和疟疾代言全球基金，以及戴安娜王妃（Princess Diana）为结束冲突而做的努力，名人无报酬的代言对这些事业的成功开展起到了重要的作用。

代言人也可以是一群人。基督教的历史证明了这一点，它的十二使徒保证了思想的有效传播。理想的状态是将代言人的网络组织起来，协调行动，从而能够对批评和环境的变化做出良好的回应。伟大的宗教都明白强大组织的重要性，这样的组织能够让无数信徒在世界各地传播其信仰的福音。生态保护运动也一样，虽然它是世界上最无组织性的运动之一，但是因为拥有众多代言人，它在全球的环保事业才得以不断推进。

从冲突中获益：兄弟般的对手

另一个获得关注的好方式就是让你的竞争对手为你服务。通常，“最大对手”的策略会为双方都带来好处。回想一下穆罕默德·阿里（Mohammed Ali）和乔·弗雷泽（Joe Frazier）之间的嘴仗，20 世纪 60 年代披头士（Beatles）和滚石乐队（Stones）的竞争，或者 20 世纪 80 年代拉里·伯德（Larry Bird）与“魔术师”约翰逊（Magic Johnson）在 NBA 的角逐，针对一个对手不仅制造了争论的空间，也避免了第三方竞争者在你的领地里叫嚣。

当我们构建出一种不同的思维时，结果往往会同时强化其所反对思维的合法性。在历史的长河中我们已经多次见证了这一点，比如可口可乐和百事可乐之间著名的“可乐大战”，让两个品牌在消费者心中都得到了强化，因而最终不是某个品牌获得胜利，而是“可乐”这种产品本身赢得了这次战役。

然而，代言人几乎无法长存。像 CoverGirl 和欧莱雅（L’Oréal）等品牌经常更换它们的品牌大使，为的是适应时代潮流。同样的事情也发生在政治党派中。在我看来，当今的欧盟没能推出一位合格的代言人，实在可惜。相比于令人费解、官僚主义盛行的欧盟委员会，一位欧盟主席对于普通民众来说可能更有吸引力。

恰当的用词

一位众所周知的代言人需要知道如何在媒体上引人注目。没什么比黄金时段的几秒钟亮相更有成效。杰瑞·刘易斯（Jerry Lewis）能让肌营养不良症协会的募捐活动顺利起步，归功于他在媒体上的发言权：他与迪恩·马丁（Dean Martin）在著名的高露洁喜剧时间担任主持，并且经常出现在随后的午夜脱口秀中。

思维的诠释者必须知道如何更好地利用他所登上的媒体，从而取得最大的效果。电视、报纸访谈、新闻发布会和社交网络的游戏规则是不同的，代言人必须知道如何以精确而出乎意料的方式在不同媒体表达思想。

2009 年的夏天，奥巴马开始了一项艰巨的任务，向美国民众推销医疗改革方案，并与说客们进行交易。尽管共和党反对者为数众多，但最终是莎拉·佩林（Sarah Palin）在她的 Facebook 主页上提供了最具谈资的反驳："若我们的父母或者孩子患上了唐氏综合征，他们将必须站在奥巴马的'死亡小组'（death panel）面前，让这个小组决定他们是否值得进行治疗，我理解并深爱的美国不是这样的。”媒体和公众对“死亡小组”这个词给予了极高关注，尽管这个词是不存在的，但却成为致命的平民化攻击，迫使奥巴马召开记者招待会来应对这一说法。事实上，有的时候一个词语或者一个句子就能唤起强烈的共鸣，以致能够改变整个争论的走向。①

由于大多数的代言人都不是即兴演讲的天才，因而每一次面对媒体之前的准备环节就变得尤为重要。传播顾问和媒体顾问会为其顾客进行这样的准备，使得他们能发表动人而朗朗上口的金句，以期被媒体捕捉。然而，在“死亡小组”这个例子里面，我们无法确知莎拉·佩林是从何处得到的参考。

那些看上去即兴而绝妙的表达能起到很好的效果。没人能忘得了民主党副总统竞选人劳埃德·本特森（Lloyd Bentsen）讽刺丹·奎尔②（Dan Quayle）时说的那句：“参议员，你不是杰克·肯尼迪。”③在1968年一次对加拿大的官方访问中，戴高乐总统（Charles de Gaulle）以他的“自由魁北克万岁”一言震惊了加拿大官员。据《戴高乐与魁北克》（*De Gaulle et le Québec*）一书的作者戴尔·C. 汤普

① Katharine Q. Seelye，“Sarah Palin Calls Health Care Overhaul ‘Downright Evil’”，*New York Times*（August 8，2009）.

② 詹姆斯·丹·奎尔，美国第41任总统老布什任内的副总统。——译者注

③ 即约翰·肯尼迪，美国第35任总统。——译者注

森（Dale C. Thompson）所说，戴高乐总统曾向他的顾问们吐露，他想要以高调的姿态对法国放弃魁北克表示道歉。即便是总统也需要为他的发言做准备呢！

第 6 章
新点子，发射！

“思维就如同在晚宴上的宾客，最好迟到以引起人们的注意。”

——费尔南德 · 范德姆 ①

① 费尔南德 · 范德姆（Fernand Vanderem），法国剧作家。——译者注

新思维的推出应该振聋发聩，而不是低声嘀咕。为了打破周遭的聒噪，思维必须以高声而有力的方式传播。虽然口头宣传是有帮助的，但好思维仍需要被正式推出。

每天都有无数大大小小的思维在争夺我们脑海的空间。为了生存，思维必须穿透社交媒体、网络日志和流行风格的喧嚣。在“精神圈”中，思维同其他所有的思维进行斗争（不论优劣和主题），来夺取我们群体意识的空间。

选择属于你的机会之窗

我们生活在信息过剩的时代。所有的大型媒体都充斥着新闻报道，因而这些媒体都只有非常有限的空间，而且只有最重要的信息才会占据黄金时段。这就是为什么在没什么新闻的日子里进行产品发布是极为关键的，而不是试图与重大的全球性事件正面交锋。

为了成功推出新点子，环境氛围必须适宜。进行环境分析、最大化思维的颠覆性、选择正确的代言人、创造一则讯息的话题点，以及选择合适的媒体都是非常重要的。

推出的时机是关键。在多数情况下，做第一个都比做最后一个要好——第一波为思维申请“专利”（字面意义上或比喻意义上）的人往往是最能够正当索取利益的人。模仿者将被视为追随者，而人们的首选往往是最初的那一个。有时则最好不要第一个上场。如果你有能力显著改善已有的思维，那么你将是最终占领市场的那一个。前文展示的MP3Man被iPod取代的例子就是这种情况。

很多夭折的思维由于时代的变迁或代言人力量的变化而复苏。我们以巴贝夫主义为例。怎么？没听说过？这个由18世纪法国无政府主义者格拉古·巴贝夫（Gracchus Babeuf）创造的学说，倡导财产集体化和工人阶级革命。现在它是不是听上去很耳熟了？多年后，当无产阶级的声音开始出现在欧洲主要城市的时候，马克思给巴贝夫的思想注入了自己的力量，如今我们将其称为共产主义或马克思主义——但它再也不是巴贝夫主义了。政治思想和发明创造很相像，常常是由很多发明者共同推动其前进的。

突破地心引力

每当有新思维加入战争的时候，它都要遭遇一面阻力之墙。占统治地位的意识形态必然会为其至高无上的霸权而斗争，而新旧两者争斗的结果常常难以预料。以2008年美国总统竞选为例，奥巴马在整个竞选过程中都将焦点集中在一些新的抽象概念上，诸如“希望”（hope）和“改变”（change），他冒着很大的风险，既可能被认为纲领含混不清，也可能因为对美国过于乐观而遭到批评，因为这个国家正在经历经济衰退并进行着两场战争。[1] 然而，最终结果是约翰·麦凯恩（John McCain）那具有爱国情怀的“国家至上”（Country First）让人感到老套、模糊和缺乏一致性。[2] 这场争斗最终以奥巴马代表的新思维战胜麦凯恩代表的旧思维而宣布告终。

每天都有无数点子在反对盛行观念的尝试中死去。这些思维遭遇的阻力可以是被动的，也可以是主动的。游说团体在很多情况下的作用就是要将所有质疑已有秩序的事物斩尽杀绝。乳制品游说团打击一切质疑牛奶和酸奶健康性的言论，核游说团则为了让核能被视为清洁的可替代能源而不懈努力。思维的世界如同丛林一般，没有怜悯可言，想拥有一席之地是十分困难的。

若新思维推出的力量不够强大，它就会渐渐枯萎。推广一种新思维的时候，你不应恐惧，要为它而战，若对抗不可避免，就要接受它。一种可能的情况是，与主流思维针锋相对可能会抬升新思维的地位，使其与统治者势均力敌。引一个美国广告史上的经典案例：20 世纪 60 年代，小小的安飞士（Avis）汽车租赁公司向赫兹租车（Hertz）宣战，而后者是统治市场的行业巨头。由于人们多会关注行业老大，因而排名第二的安飞士（那时还是微不足道的第二名）处于很不利的位置。然而安飞士声称，因为它

---

① Steven Erlanger，“Obama，Vague on Issues，Pleases Crowds in Europe”，*New York Times*（July 25，2008）.

② Tobin Harshaw，“Just Like Starting Over”，New York Times Blogs（October 13，2008）.

们仅仅是行业第二，因此比起赫兹，它们要做得更好。用这种针锋相对的口号，安飞士成功吸引了消费者的注意，第二位的身份反而带来了有利形势。安飞士“我们更加努力”(We try harder)的广告战向客户展示了所有安飞士提供而赫兹没有提供的服务(或者是赫兹没有去宣传的服务)，比如如果烟灰缸没有清干净可以退还租金，甚至还承诺若消费者不满意将可以拨打总裁电话直接投诉！①

开启你的引擎！

思维如同被发射到太空的火箭一样：随着时间推移会丧失动力。发射的推动力越强，思维就能越快地克服反力，也越能抵抗磨损。思维的“磨损”并不是致命的，但却是危险的，因为它给了替代者可乘之机。

思维是活的，它们常常骚动、交流、摩擦，并产生新的反应。缺乏活力的思维是死的思维，它们冻结于心底，丧失了传播并激发想象的能力。那些仍然共享这种濒死思维（有意识地或者无意识地）并捍卫它的人也成了稀有动物。

幸运的是，死了的思维还能重新复活。为了达到这个目的，思维必须被重新定位，重新修整，重新擦亮。这是市场营销负责人的专长，他们的工作之一就是物色传播途径，将产品重新包装

① Robyn Griggs，“Avis Makes No.2 An Enviable Position”，*Advertising Age*（March 29，1999）.

并投放到市场。亨氏（Heinz）番茄酱正是重新包装后取得成功的典型案例。番茄红素是使番茄果皮呈红色的一种抗氧化剂，当一些研究成果大肆宣扬它的所谓抗癌效用时，亨氏番茄酱抓住了这个机会，将它的调味品重新定位成了健康食品。亨氏甚至建立了网站，改换了商标，推出了采用番茄酱为主要原料的健康食谱，使其与番茄红素的联系越来越紧密。这种宣传一直持续到 2007 年美国食品药物管理局宣布番茄抗癌性能是“有限的”① 为止。虽然亨氏被监管限制起来了，但以上的例子显示出如果一个品牌能够在某种趋势中占得先机并充分利用这种趋势来包装自己，这个品牌就很可能在它的领域中占据主导地位。

对汉堡调味料有用的策略对其他思维也有用。如果你要复兴某一思维，切记要改换它的包装、措辞、宣传，以及它的表达方式。

绿色和平组织能够成功将生态保护运动重新推向公众，得益于它们轰动而非抵抗性的行动方式：将船派往生态高危地区。它们仅仅需要在具有象征意义的话题中（比如核试验）露脸、挂名、摆出立场，再加上精心设计出来吸引媒体关注并获得免费报道的传播手段即可。所有正确的组成材料都在里面了。另一个例子是托尼·布莱尔

---

① Bill Toland, “Heinz Marketing Strategy Changes as Lycopene's Health Benefits Are Downplayed”, *Pittsburgh Post-Gazette*（July 17, 2007）.

(Tony Blair) 在 20 世纪 90 年代的一次成功的重新定位。布莱尔压制住新工党的民族主义倾向，拥抱了更为社会民主化的“第三条道路”(Third Way) ①，这一重新定位预示了新工党的黎明。

欧元的推行可以被视为反例。建立泛欧洲的货币体系是一项具有冒险精神而引人注目的行动，它导致一些强通货被抛弃，诸如马克和法郎。然而，除去欧元的创新性以外，它并没有给欧洲带来切实利益：与改用欧元相关的生活费用的提高最终成了这个故事中人们关注的主角。②

不断修正你的轨道

曾经被抛弃的思维也能重回轨道并取得其合法性。地球绕着太阳转这个理念正式成为真理并没有多长时间。同样地，在艺术领域，“实验”艺术的潮流在成为被人认可的信条之前也有着短命的趋向。为了确保思维的胜利回归，它必须找到于它有利的新节奏。这就是为什么分析趋势总是值得的，它是为了明确哪个思维适于回归，并找出展示这种思维的正确方式。当然，非常有趣的一点是，新趋势常常是从过去的时代里提取出来的。

---

① Tony Blair，*The Third Way: New Politics for the New Century.*

② “Euro ‘Pushes Cities Up Cost League’ ”，BBC News（June 16, 2003）.

与时俱进的产品造就了永远年轻的品牌。汽车制造商和服装设计师经常更新他们的产品，从而紧跟时代潮流。反过来，一成不变的仪式将无法保证思维的永续。比如传统的主日弥撒对于虔诚的基督徒来说是有用的，但却无法吸引新的皈依者。而像“世界青年节”这样的新兴宗教集会则比其他老旧的仪式更有吸引力。这些新符号作为现实依据在当下的时代为思维提供了坚实的基础。

有些谚语仍然在为人使用，至今没有过时。罗纳德·里根（Ronald Reagan）总统在和苏联谈判的过程中将一句俄罗斯谚语“信任，但要核查”（doveriai，no proveriai）发挥出了极大功效。然而，多数思想都没有永恒的力量——它们常常随时间的推移而丧失了吸引力。它们的推动者必须不断设法让它们焕然一新。举例来说，法国铁路公司 SNCF 从宣传它的设备，变为宣传乘客关怀和竞争力，再改为宣传它的业务变革，它的传播策略已经经历了多次调整。而生态保护思想已经蜕变化身为企业社会责任和可持续发展等理念，这些理念 10 年前还没有多少人知道呢！为了让思维保持活力，它必须要常常修订，并与文化保持相关性。

真正的好思维不会死去——如果人们对它不再感兴趣，它只会僵化，但它会像睡美人那样，等待被唤醒。现已破产的英国汽车制造商 MG Rover 最具标志性的产品之一 Mini 曾“沉睡”许久。直到宝马公司（BMW）接管 Mini，并将它定位为成人玩具重新推出，它才得以取得巨大成功。伟大思想有时会在我们集体无意识的某个地方进入休眠状态。

有些想法在成为现实后就消失了。1969 年，将人类送入太空的想法就从一种空想转变为了真正的历史性事件。然而我们不能混淆两种思想，一种是那些被证明是事实的思想，另一种则是那些看上去是真理的思想，而其成为真理的原因仅仅是它被普遍认为是真理。如同埃德加·莫兰（Edgar Morin）所说："假象可以掩盖真实，因为它使人更舒服，也更容易欺骗人。"①

举个例子来说，牛奶"对你有好处"这个想法很长时间以来都是被接受的事实。在西方有一些法令，诸如英国 1946 年通过的《学校牛奶法案》(School Milk Act)，要求向 5 岁到 18 岁的学生分发牛奶。然而，这些法令和意见并不必然反映了科学事实。最近，越来越多的医生和营养学家纷纷质疑"牛奶对健康是必要的"这一观点。② 昨日的真理可能会变成明日的谜团。

像鸟儿一样飞翔是人类自古以来的希冀，古希腊神话中的伊卡洛斯使用腊和羽毛制造翅膀，却因为飞得太高，翅膀上的蜡被太阳融化而跌落水中丧生。如今，虽然技术的进步已经几乎实现了人们有关飞行的梦想，然而直到现在，人们还不能随时随地飞翔，因而这一梦想仍将持续激励发明者进行创造和改进。已经有两家公司宣称将很快发布飞行车，其一是 Moller 公司的 Skycar，

① Edgar Morin，*La Méthode: La Nature de la nature.*

② Alice L. Kelly，"The Dairy Debate: Does Milk Build Stronger Bones？" *Los Angeles Times*（March 7，2005）.

另一个是 Urban Aeronautics 的 X-Hawk。谁会成为第一个实现伊卡洛斯飞行梦想的人呢？

有时，思维本身存活了下来，而它那花样繁多的化身却都消失了。举例来说，成千上万种型号的汽车都已成为历史，但“汽车”这一概念本身却鲜活如初——即便是现在，高耗油的汽车逐渐被淘汰，但“个人交通工具”（与公共交通相对）的理念将会一直持续下去。

思维若想存活，就必须通过多种围绕其核心的活动和传播来对其进行不断地维护，从而保持一致性。在传播的过程中，使用与其相契合的媒体和代言人是非常重要的。为了强化某一思维，所有宣传都必须切合其本质——即将这种思维与传统相分离的那样核心。

对一致性的探求也延伸到了慈善组织当中。因为善款有限，人们总需要在不同组织中做出选择：是给当地慈善晚会捐款，还是给联合劝募协会？这种选择让慈善组织的竞争也愈演愈烈，迫使它们需要努力定义自己的 DNA。

为了推广一种思维，让它不会迅速枯萎，你必须确保每种类型的宣传都在强化这一思维，保护它的完整性，并向它提供能量。回溯思维本质的有效方式之一是持续地追问思维背后的思维——我的思维打破了何种常规？又点亮了什么愿景？绝佳的思维往往是在“思维背后”被发现的。

新思维的推出过程是非常关键的，它提供了不可比拟的驱动力。有时候一次成功的推广仅仅在一天之内就能发生，但常常，思维的充分发展需要一定的时间。如果思维是强大的，它不会因一次失败的推广就被宣告死亡。只要思想存在，就总会有希望。

第三部分
思维的传播：标语、符号、信念与媒介

第 7 章

从“如果……会怎样？”到震撼标语

“多亏了语言，思想才能进入我们的心灵。”

——卢梭（Rousseau）

“如果……会怎样？”这短短几个字能通过给思维打开通路而改变一切。新思维仅仅出现在它们挑战现有秩序和动摇确定性的时候。“如果……会怎样？”是一个爆炸性的公式，它与传统决裂，激发质疑，这都是创新的燃料。由于人们敢于挖掘新的可能性，敢于违反常规，因而能够发现新的答案。怀疑可以具有令人难以置信的成效性。根据一个流行的说法，苹果掉落引发了牛顿的思考：“如果月亮从天上掉下来会怎样？”并由此着手万有引力这一开创性的工作。进行原创工作最简单的方式就是以一个提问开始：“如果我质疑某一成规，我将能发现些什么？”这个问题常常能激发很多想法，这其中能有一个好主意就足够了！

“如果我们改变看待事物的方式会怎样？”

在与广告代理商 TBWA、Chiat、Day 的会议中，宝路（Pedigree）狗粮的新战略诞生了。TBWA\Chiat\Day 组织了一次“破坏日”（Disruption Day）活动，为的是推翻狗粮市场的成规。尽管宝路公司世界闻名，但它独有的专长却并非如此。这就是破坏性思维开始起作用的地方：“如果我们是一家专注于为人们的爱犬服务而不是专注于狗粮生产的公司会怎样？”这一提问引发了公司的重新定位，并发起了一次世界范围内的活动，名为“全心为爱犬”(We’re for dogs)。这天，许许多多的新点子被提了出来：“如果我们鼓励员工把他们的爱犬带来工作会怎样?”“如果我们把狗的照片放在名片的背面会怎样?”“如果我们赞助流浪狗收养活动会怎样?”

“如果……会怎样?”起到一个开瓶器的作用，它的力量在于它能够运用在各个领域里：从理论性的思维（“如果上帝不存在会怎样?”），到科学性的思维（“如果我们能够计算无限会怎样?”），再到商业性思维（“如果我的店在星期天开门会怎样?”），每一个领域都能使用这样一种方法来产生新思维。

不论思维是如何产生的，了解它的力量和局限都是非常重要的。新思维产生之前的情况是什么样的？产生之后的世界会发生什么变化？这些思维是如何影响人们的日常生活的？如何使它们具体化并被广泛传播？进行这些思考最简单的方式是拿出一张纸来回答这个问题：“这是一个什么样的想法?”并且为这份文件命名为：“如果……会怎样?”

找一条神奇标语

一条好的标语对于思维传播来说是非常必要的。对于思维传播者的挑战在于，如何从对思维战略性的阐述中脱胎出一种震撼人心的表达方式，使得思维能被精确表述和高效传播。2008年总统大选时，奥巴马在竞选活动中将“如果能够消除我们国家面临的来自国内外的威胁会怎样?”这一思考转换为“我们可以相信的变革”(change we can believe in)这句简单而震撼的竞选口号，不得不说是一种成功的转变。

最好的方案是能使思维尽可能吸引人的方案。方案越出人意料，就越能调动好奇心和兴趣，它越为人所想往，就越容易被记忆和传播。

当你送出一样东西的时候，你就失去了它；但当你给出一种想法的时候，你仍然拥有它！这就是思维神奇的特性，它们拥有的是通过复制来传播的力量。一个绝佳的标语会推进思维的这种病毒性传播。

Facebook上的群组能够通过几个精挑细选的词语产生吸引人的魔力。那些制造原创性用语的用户能在短短几天甚至几小时里聚集大量的粉丝。在Facebook上，吸引更多的粉丝本身已经成为了一种目的，很多群组就是为了这个原因被创建出来的。以“Facebook有史以来最大的群组”(The Biggest Facebook Group Ever)为名的群组聚集了120万人，“雪球效应”(The Snowball Effect)群组则超过300万人①。然而，“让我们建立并打破一项吉尼斯纪录!!! 被吉尼斯世界纪录官网认可”这一小组虽然有著名的吉尼斯世界纪录作为支持，但它的参加人数却极低。②

这显示了措辞在吸引粉丝中的重要性——好的标语经常能够

① 截止到2011年6月。

② 截止到2011年7月6日，有113人参与。

吸引很多人。诸如“亲爱的弟兄啊，我们应当彼此相爱。因为爱是从神来的”这样的句子就会比“如果每个人都爱彼此会怎样？”这样的句子有更好的效果；“汝不能杀戮”就比“如果我们禁止杀戮会怎样？”更好；“工人都没有工作（Labour isn't working，亦可理解为“工党那一套是不行的”）”就比“如果我们质疑英国工党会怎样？”要好得多。

标语不需要什么都说。它可以作为一种象征性的提醒。“美国早晨”（Morning in America）是罗纳德·里根（Ronald Reagan）内政方针的总结，而“傻瓜，经济才是关键啊”（It's the economy，stupid）则是比尔·克林顿（Bill Clinton）总统大选方针的浓缩。如同文学中用部分代替整体的提喻法，这些标语能帮助我们回忆起整个时代、产品或是思想。如果我听到“我的这一点光”（This Little Light of Mine）这句开头，我就会想到20世纪60年代的民权运动。同样地，“生存还是毁灭”（To be or not to be）这句话会唤起我对莎士比亚和古典英国戏剧的记忆，“扭曲与呼喊”（Twist and Shout）则会让我想起披头士乐队。

能找到好标语是一个优势，但并非必需。很多思维在传播过程中都没有“绝佳”的标语。然而那些恒久的意识形态几乎都与至少一个独创性的标语有关联。“和平与爱”是和平主义运动的标语，“阶级斗争”是马克思主义的标语，“及时行乐”是享乐主义的标语，“真主至上”是伊斯兰教的标语。

政治家们是标语最大的信奉者之一。这和他们的职业特性是相关的：他们需要人们对其主张的拥护。从亚里士多德

（Aristotle）开始，精通修辞学就成为攫取权力不可或缺的本领。而现代社会中电视优于其他媒体的主导地位（尤其是书面媒体）迫使政治家们将他们的长篇大论改编为简短的摘要。这种摘要短语的使用（如果不是滥用）将能够在短时间内打破甚嚣尘上的环境，盎格鲁—撒克逊文化将之称为“原声摘要”（soundbites）。

记者也需要掌握标语——尤其是头版头条。一个好的标题就和广告中的一条好标语一样，它能通过提供某些视角、某种定位激起公众的兴趣、好奇和欲望。

好标语的第一要义是简洁。如果你希望人们成为你的代言人，那一定不要让他们的生活变得复杂化。采用质量上乘的表达形式是王道，标语的美感应能够激起人们记忆和传播的欲望。创造绝妙标语就如同为一本书的出版起一个好名字：这个名字不仅要简洁，要能够概括这本书，还能唤起人们对内容的好奇心。诸如《追忆似水年华》《杀死一只知更鸟》以及《傲慢与偏见》等就是很好的例子。即使那些谴责广告的人事实上也运用了很多绝妙的标语，诸如娜欧米·克莱恩（Naomi Klein）的那本影响深远的书《颠覆品牌全球统治》（*No Logo*）。

简单并不总是意味着精确。有时，长标语能像故事开头的叙述那样抓住观众，诸如伍迪·艾伦（Woody Allen）著名电影《性爱宝典》的英文原题“所有你想知道但却不敢去问的有关性的内容”，或者那部中国观众熟悉的电视剧《拿什么拯救你，我的爱人》。

阿尔·里斯（Al Ries）发表在《广告时代》(*Advertising Age*) 里的一篇文章中提出了长标语的理由，他认为长标语可以在情感上产生共鸣："标语应该足够长，从而能够包含那些给消费者右脑留下深刻印象的语句。"① 事实上，有些最难忘的标语的确是长标语——像通用电气（GE）的那句"GE 带来美好生活"(We bring good things to life)，或者 M&M's 巧克力豆的那句"不溶在手，只溶在口"(Melts in your mouth，not in your hand)，等等。

起一个好名字

绝佳的产品名称是成功的因素之一，即便是很难正确发音的名字，诸如哈根达斯（Häagen-Dazs）和福佳白啤酒（Hoegaarden），甚至更冗长的名字，诸如食品品牌 I Can't Believe It's Not Butter（我不敢相信它不是黄油）。一个好名字能让产品或思维脱颖而出。

当史蒂夫·乔布斯和史蒂夫·沃兹尼亚克决定给他们的公司起名为苹果的时候，就已经传达出一个讯号：他们的电脑公司会和别人不一样。同样地，在理查德·布兰森（Richard Branson）决定给他的唱片店取"维珍"

---

① Al Ries，"Long Slogans Are Absolutely，Positively More Effective Than Short Ones"，AdAge Blogs，(September 7，2010).

(Virgin)①这个暗示新颖的名字，而不是叫“布兰森”之后，他的公司从唱片发展到航空业，又发展到手机和健身产业。在法国，曾由政府运营的法国电信（France Télécom）合并了汉斯·斯努克（Hans Snook）所创办的著名的电信公司 Orange，很大程度上是因为 Orange 的名气和它在全球的潜力。网络时代的很多公司都明白简洁而有力的名字的重要性：雅虎（Yahoo!）、亚马逊（Amazon）、eBay、谷歌（Google）、维基百科（Wikipedia）、YouTube、Twitter——这些名字都非常好记，也常常拥有年轻又有魅力的代言人。

这些网站的成功并非完全取决于它们的名字。然而拥有独特的名字使得这些公司能够在其产品类别的市场中迅速占据主导，并给后来的竞争者制造更多的麻烦。长期来看，“维珍铁路”(Virgin Railways）这个名字比“美国国家铁路客运公司”（Amtrak）要好，“绿色和平”组织（Green peace）比“生态保护协会”(Ecological Combat Association，ECA）要好，而“苹果”则好于“IBM”。有一句拉丁谚语“名字即命运”(Nomen est Omen)，若你选择了一个强大而有原创性的名字，你的思维或产品将会更加容易被辨识和扩散。

我非常喜爱我与友人伊万·加夫里洛夫（Ivan Gavriloff）共同创造的一个名字，伊万是起名艺术的大师。法国艺术家让-马克·菲利普（Jean-Marc Philippe）因为给火星人发信息和创

① “Virgin”一词有“全新领域”的含义。——译者注

作空间艺术而出名，几年前，他计划制造时间胶囊卫星，载满人类的信息，将其发射到太空并在大约5万年后返回地球。那时，让-马克·菲利普给这个计划命名为“未来考古鸟”(l’oiseau archéologique du futur)。尽管这是个富有情感的名字，但它却缺少世界范围内的吸引力。我们最终说服了让-马克·菲利普，为了让全世界都产生兴趣，一个简洁、通用的名字是十分必要的。我们决定用“Keo”，这个名字包含着绝大多数语言中都有的三个最常见的声音。尽管最终Keo没有被发射到宇宙中去，但它仍然创造了梦想，吸引了来自世界各地的Keo粉丝在网上提交他们的稿件，为这个计划做出贡献。①

① www.keo.org.

第 8 章
符号的力量

“什么是思维？它是我脑海里绘出的画面。”

——伏尔泰（Voltaire），《哲学词典》

十字架、纳粹十字符、鸽子、双子塔，所有这些图像都承载着重要的意识形态或事件，有些是好的，有些是坏的。图像能跨越语言的边界来传递思想，而无论其受众的语言、年龄或教育程度。

尽管思维是用语句来表达的，它们也常常需要符号来增强它们传播的能力。艺术家马塞尔·杜尚（Marcel Duchamp）并没有料到那个被他称为《喷泉》（*Fountain*）的颠倒摆放的小便池能成为达达主义的标志，劲量电池可能也没有预料到那只粉兔子将和它们的品牌永远联系在一起，而米其林（Michelin）的代言人，轮胎人必比登（Bibendum），则是世界上最有辨识度的商标之一。所有大品牌都在寻求容易被辨识的、有吸引力的视觉识别标识，比如耐克的勾形标志、壳牌石油（Shell Oil）的黄贝壳、麦当劳的金色拱形等。

制造精神形象

将思维与一个形象联系在一起能加强记忆。所有主要宗教的文本都是与一些象征性的意象一同流传的，诸如佛祖的菩提树、《旧约全书》中智慧树的果实和伊斯兰教的新月标志。同样地，传统民间传说也运用动物来比喻人身上的某些品质：狮子是勇敢的化身，蚱蜢代表了懒惰，狐狸是狡猾的象征，等等。广告则以宗教和民俗为师，学习了如何有效运用符号。图像能够将理论化的东西转变为情感化的东西，相比单纯的语言，它能将更多的人吸引到一种思想上。我们对一种思绪的呈现常常能产生难以磨灭的印记，相信普鲁斯特（Marcel Proust）对玛德莱纳蛋糕的描绘深深嵌入了每个读过《追忆似水年华》(*Rememberance of Things Past*）的人心中，也嵌入了那些从未鼓起勇气追寻已逝时光的人心中。

在法国，有一则广告在一代人心中留下了深刻的印象，这都得益于它对视觉符号的巧妙运用。1981 年，户外广告公司 Avenir 借助广告牌发起了为期三天的广告宣传，引起了史无前例的轰动。第一天，广告牌上打出一个穿比基尼的女孩特写，标题写着：“明天，我会脱掉上衣。”当然，第二天广告牌如约更换，同样的女孩，上身裸露，文字则变成：“明天，我会脱掉裤子。”第三天，这个女孩果然全裸，只不过照片是从背后拍摄的。这天的广告语更换为：“Avenir，守信的品牌！”

万宝路（Marlboro）的牛仔和依云（Evian）瓶子上的阿尔卑斯山等图像都是它们各自品牌的绝佳象征。像肯德基爷爷、米其林的轮胎人和象征强力清洁效果的威猛先生（Mr. Muscle），这些广告人物对提醒消费者产品的好处方面起到必不可少的作用。

颜色也具有象征的力量。绿色常常与生态保护联系起来，橘色和黄色让我们想起锐滋（Reese’s）巧克力的商标，黄色和黑色则让人想起好时（Hershey’s）巧克力，而橙色则让人想起与这个颜色同名的品牌法国 Orange 电信公司。

同样地，歌曲也能留下持久的记忆。Mennen 品牌的广告歌“By Mennen”甚至被美国著名电视剧《宋飞正传》（*Seinfeld*）引用。[①] 中国观众所熟知的“更多选择，更多欢笑”（麦当劳），以及“今年过节不收礼”（脑白金）等广告歌，也给人留下了深刻印象。音乐是抓住人们注意力的极好方式。上百年的曲调也能流传下来，比起诗歌的流传要容易得多了（真是遗憾）。比方说，《两只老虎》[②] 这首歌据说可以追溯到 14 世纪，而《绿袖子》则可以追溯到伊丽莎白一世时代。

差异化

音乐和图像的差异会产生巨大的效果。没什么比打破既定准则的图像更能吸引人的注意：无论是字体上的差异（如雅虎），还是强有力的图形（如麦当劳的金色拱形）都有这种效果。如今人们越来越多地与电视、手机和电脑屏幕接触，因而强烈而有辨识度的视觉识别标识就变得越来越重要。

可能最普遍的视觉符号就是代表国家和地区的旗帜了吧，这一传统可以追溯到至少 5000 年以前。世界上最古

① “The Chicken Roaster”，*Seinfeld*，Season 8，Episode 8（original air date：November 7，1996）.

② 法文原意为《雅各兄弟》。——译者注

老的旗帜是伊朗一个名为“Shadhad”的市旗。①

直到今天，各个城市仍在想法创建它们自己的视觉识别标识，比如“I♥NY”这个标识已经从 20 世纪 70 年代中期沿用至今。同样地，非政府组织也都在努力让自己从竞争激烈的市场中被辨识出来。奥林匹克运动会是最早建立强烈视觉识别标识的非政府组织之一。1913 年，皮埃尔·德·顾拜旦（Pierre de Coubertin）作为国际奥委会的第二任主席，提议设计了这个简洁而具有冲击力的旗帜：其背景为白色，上面印有五环标志。

正如前文所述，宗教早已非常擅长于利用能够概括关键信条和事件的视觉符号。十字架上的基督是基督教在世界范围内恒久的象征——这是提醒信徒有关基督受难的最直接的方式。天主教会可能是基督教最富有象征性的教派，它拥有着众多具有悠久传统的圣像、遗迹、圣物和圣址，等等。

传递强烈的视觉信息在传播思维的时候是非常必要的。这就是为什么史蒂夫·乔布斯和理查德·布兰森的每一次演讲都具有戏剧性的华丽效果和考究的风格。政治家们对于自己的形象能够传达出什么信息也是冥思苦想。总统们必须非常小心地挑选自己的行头。即使是极其微小的

① Soudabeh Sadigh，“Iran's Most Ancient Banner Go（sic）on Display in National Museum”，*Payvand Iran News*，（May 15，2007）.

视觉上的改变也能让他们上头条：奥巴马总统放松了椭圆办公室的着装要求，允许不打领带，结果遭受了严厉的批评。① 同样地，莎拉·佩林（Sarah Palin）2008 年总统大选时的行头花去了共和党大约 15 万美金，被很多人认为过分奢侈而饱受批评。②

如今，想不利用那些重要的传播手段来传播思想几乎是不可能的了。的确，思维内在的生命力和它颠覆现行意识形态的能力对它的成功贡献巨大，然而代言人的魅力和发布活动的质量等传播因素也很关键。思维还能够通过网络和媒体的热议来获得免费的传播资源。有了 YouTube 这样的网站，很多业余选手也能为他们的点子打造强有力的形象，诸如曼妥思可乐喷泉实验或是低成本 MV 就是很好的例子。OK Go 乐队的 MV “Here it Goes Again” 就获得了 5000 万的访问量③，还被著名动画片《辛普森一家》（*The Simpsons*）所引用④。

制造事件

如果没有强大的传播手段，思维很难建立自己的稳固形象，

① Sheryl Gay Stolberg, "White House Unbuttons Formal Dress Code", *New York Times* (January 28, 2009).

② David Usborne, "Republican Party spent $150000 on Palin's Wardrobe", *The Independent* (October 23, 2008).

③ Elan Priya, "Here they go again: New Ok Go video is a White Knuckle ride", *The Guardian* (September 25, 2010).

④ "Husbands and Knives", *The Simpsons,* Season 19, Episode 7 (original air date: November 18, 2007).

除非它能利用一些轰动的事件来吸引媒体的注意。

品牌也需要制造轰动来营销它的新理念、新产品。它们通常以一种挑逗似的宣传作为开场，然后围绕其发布活动制造一系列事件。那些极具智慧的首发日策略使 PlayStation 游戏机、苹果产品以及大投资的好莱坞电影占尽媒体的焦点。举例来说，2007 年 iPhone 1 面市前两天，苹果公司便开始录像，纪录那些为抢购新产品而在苹果专卖店门前安营扎寨的顾客们。这样做的目的［我们称它为"体验营销"(Experiential Marketing)］是为了利用这一独特而难忘的体验在人们心中留下痕迹，从而鼓励人们去议论这个品牌。北京奥林匹克运动会开幕式上，中国体操运动员李宁被绳子吊起，绕着体育场的墙壁奔跑去点燃奥运圣火的那一幕也是同样的道理。在日本，阿迪达斯（Adidas）为了展示它的标语"Impossible is Nothing"(没有什么是不可能的)，创造了一项新的"不可能"运动：立式足球。两名足球运动员被吊在一个巨大的阿迪达斯广告牌上，这个广告牌则被画成足球场的样子。这一奇观吸引了很多世界媒体的关注，使阿迪达斯在仅仅一项热点事件中所获得的收益比昂贵 100 倍的电视广告宣传还要多。

成为象征

强有力的形象能够成为一种象征。1968 年在墨西哥城举办的夏季奥林匹克运动会上，两名美国黑人运动员汤米 · 史密斯

（Tommie Smith）和约翰·卡洛斯（John Carlos）在颁奖台上低下头，举起了戴着黑色皮手套的拳头，行黑权礼（Black Power Salute）；1984 年，法国领导人弗朗索瓦·密特朗（François Mitterrand）和德国领导人赫尔穆特·科尔（Helmut Kohl）在凡尔登战役的纪念活动上握手，这些历史时刻都成为某种精神理念的强烈象征。圣雄甘地（Mahatma Gandhi）在纺轮前面的照片已经从历史形象升级为甘地对殖民统治非暴力不合作态度的化身。这张照片太具有标志性了，以至于我们常常忘记甘地事实上并没有在纺线。如果你仔细看看这张照片，他其实是在阅读。事实上，当美国《生活》（*Life*）杂志的摄影师玛格丽特·伯克-怀特（Margaret Bourke-White）为他拍照的时候，他刚刚结束纺线，并开始查阅每日新闻。①

强烈的象征性形象很容易在网络上传播，其形式往往是图片或视频。网络让人们能够以极少的成本，在极短的时间内制作出视频和图片。不幸的是，这些内容也很容易被篡改造假，又难以确定其来源，这为各种操纵行为打开了方便之门。最令人震惊的一个例子就是 1989 年罗马尼亚城市蒂米什瓦拉（Timisoara）大屠杀的照片，这张照片直接导致齐奥塞斯库（Nicolae Ceausescu）倒台。照片中看上去有成千上万的死者（有些媒体报道称多达 7 万），

① Emily Keller，*Margaret Bourke-White: A Photographer's Life.*

但后来揭露出照片是伪造的，真正的死亡人数大约是90人左右。

即便我们并不能完全相信图片和视频的真实性，但我们无法否认媒介传播的力量。哲学家雷吉斯·德布雷（Régis Debray）相信我们已经从书写文字统治的“理念圈”（logosphere）进入了图像和印象统治的“影像圈”（videosphere）。①

没有文字的图像会蒙蔽我们。没有任何标语，图像将会是缄默的，并会产生歧义。将图像与恰当的文字结合将会赋予思维强烈而完整的表达。

① Régis Debray, *Vie et mort de l'image—Une histoire du regard en Occident.*

第 9 章
无历史，不成思

“好的想法不会自动被适应，须以勇敢的耐性来实地贯彻它们。”

——海曼 · 瑞克瓦（Hyman Rickover）[①]

① 海曼 · 瑞克瓦，核动力海军之父，美国海军四星级上将。——译者注

人类需要讲述。人类文明依托口述、书写，现在又依托视听设备来传承它的仪式和神话。一位很早开始人工智能研究的专家罗杰·尚克（Roger Schank）认为，人类通过故事学习强于通过逻辑学习。[①] 我们可以在《圣经》、《古兰经》和其他宗教文本的神话和寓言中看到这一点。将训诫和思想转换为故事是教导与学习的绝佳途径。

故事的魅力

每天我们都被各种奇闻逸事淹没，我们在饭桌上谈论它们，在办公室谈论，抑或是在社区小酒馆里谈论，连电视广告也被制作成30秒的小故事。为什么是这样呢？让我们来看一个故事：一个盲人坐在布鲁克林一个公园的长椅上，旁边竖着一个牌子写着“天生盲眼”，一个朝上倒放的帽子用来收集过路人施舍的零钱，但他却遭遇了路人的冷漠。不久，一位广告人来到这个盲人身边，改动了牌子上的内容。这以后，人们的施舍逐渐多了起来。原来，这位广告人将牌子上的内容改写为：“多么好的春日啊，可惜我看不见！”这则小故事概括了广告的精髓：当讲出的故事引起了情感的共鸣时，你的广告效果才是最好的。

故事可以非常具有魔力。那句“很久很久以前……”

---

① Roger Schank，*Tell me a Story: A New Look at Real and Artificial Memory.*

能让调皮的孩子安静下来，而对于成人来说，“你听说这件事了么?”是开始一段谈话最好的发问。讲故事的时候，你必须让你的听众有继续听下去的欲望。通常来说，讲故事的方式比故事本身更重要。在我工作的广告产业里，人们常常将他们所做的黄金时段的广告比作晚宴上的不速之客——作为不速之客，你最好能有取悦大家的本事。

幻梦或欢笑

好故事需要与人的情感产生共鸣。无论你想要取悦还是激励，你的故事都不需要是百分百真实的，只需与真实足够接近即可。举例来说，在索尼 Bravia 电视品牌的广告中，Bravia 电视屏幕卓越的画面质量是被城市中喷射的绚丽色彩这一虚幻场景所展现出来的。

幽默是与观众拉近距离的另一个方式。很多广告都在努力制造笑点（有些比另一些做得更成功），或至少让观看者微笑。幽默的元素可以增加观众对所传达信息的共鸣和信任。这就是前文所讲到的“默契”和“心照不宣”——这个方法已经在很多广告中得到了成功运用。

讲故事

好故事是很容易被讲述的。有谁会不乐意把刚刚听到的趣事再讲一遍呢?“可传递性”这一维度是制造轰动效应的要素。若一个故事包含了惊喜，讲述它就会变得更容易也更有趣。YouTube 上的视频能如病毒一般传播，就是这一事实的证明。

讲故事已经成为各国政要传播观点的一个流行手段。参议院、国会的议员，以及总统候选人经常在选举中以故事的形式来解释他们的政策主张。尽管常常由于过分煽情而备受嘲弄，但这些故事的确能够成功拨动公众的感情之弦。与此相反，陈述事实与公共事务辩论则很可能会让人们感到无聊。实际上，人们所看到的“事实”皆取决于它被呈现的方式，这正是舆论导向专家的专长，他们帮助客户操控表达“事实”的方式，从而使其于自己的客户有利。

“9・11”事件以来，布什政府言辞强烈，将双子塔袭击与珍珠港事件相比拟，而罗斯福在珍珠港事件后所发表的“耻辱演讲”(Infamy Speech) 也多次被引用。“9・11”悲剧之后，诸如“邪恶轴心”“反恐战争”等戏剧性的词汇被大量使用。将布什与罗斯福做比，将“9・11”与二战做比是一种将悲剧历史化的策略，其目的是为了刺激民众来支持一场可能到来的战争。①

最好的故事往往都包含有转折：可能在结尾，也可能在中间或开头。故事越独特，它给人留下的印象就越深。

刺激（并非无缘无故的）可以成为抓住注意力的一个好方法。举例来说，意大利的贝纳通公司极具创造性的广告由不同文

① Richard Jackson，*Writing the War on Terrorism: Language, Politics and Counter-Terrorism.*

化、肤色的模特出演，与“贝纳通色彩联合王国”这个标语充分吻合，表达了它希望融合不同种族、肤色、意识形态的人文主义关怀。贝纳通还运用了一些刺激眼球的图像来吸引注意，比如身着黑色服装的牧师亲吻一名身着白色服装的修女。然而，当贝纳通开始追求纯粹的挑衅效果，比如展示病床上濒死的艾滋病人时，它就逐渐脱离了它的本意。这样挑衅性的广告对它的宣传来说只有适得其反的效果。

颠覆要比刺激来得有效，特别是当采用幽默和共情的方式时。最佳的传播方式是以让人能接受的手法表达隐含的激进思想。比如20世纪80年代、90年代可乐大战的时候，百事就做过一个名为“考古学家”(The Archaeologist) 的广告：在遥远的未来，一位考古学教授带领他的学生来到20世纪80年代的某个废墟。教授向学生们解释着那些古物，诸如电吉他、流行乐，等等。突然，一个学生发现并捡起一个可口可乐的瓶子，她好奇地请教授解释这件物体。教授拂去瓶子上的灰尘，仔仔细细地检查，然后说：“我完全没有概念。”广告随后以这样一句话结尾“百事可乐，新一代的选择。”虽然没有采用任何刺激的叙事手法，但还有什么比把对手“活埋”更激进的吗？

洞察的力量

故事的效力常常来自于它背后的真理，如同好的书籍揭示生活的本质，好故事也仅仅在其所揭示的真理与人们的真实生活相关联的时候才能让人们依附于它。人们将其称之为“洞察”(insight)，它是对我们纷繁复杂的日常生活进行观察和思考后得出的普适结论，当重重表象下的本质被点明的时候，人们往往会恍然大悟，并给予一致性的赞同。营销人员通过对人们的行为进行研究来探寻洞察，他们常常采用基于统计学的定量研究或定性研究等方法来获得对人们日常生活的理解，包括研究 Facebook 上受欢迎的小组和 Twitter 上热门的主题也可以成为观察我们当下生活方式和获取宝贵洞察的手段。

要使公众能够依附某种思想，就必须要给出“客观原因”(reason why，一个真理性的理由）或者一个“公认观念”(reason to believe，一种共识性的意见)。举例而言，帮宝适这个品牌能成功销售针对不同性别婴儿的纸尿裤就是由于一个“公认观念”，即男宝宝和女宝宝排尿的方式不同，而这一公认观点又是基于一个科学的“客观原因”，即男宝宝和女宝宝有不同的生殖系统。这一无懈可击的洞察使得宝洁公司几乎占领了整个纸尿裤市场。在这巨大成功之下，吊诡的一幕出现了：几年之后，宝洁公司竟然倒退回尿布市场的最初状态，重启男女通用尿布的生产，因为此时已无人能与其竞争！

最强大、最持久的品牌信念会将其独有的真理与普适真理相连接。回到贝纳通的例子，它在广告宣传上的成功是由于它将品牌独有的真理，即色彩斑斓的针织品，与普适真理相吻合，即人种多元化的世界是一个更好的世界。两种真理的碰撞可由它的品牌标语来完美诠释：“贝纳通色彩联合王国。”

耐克的“Just Do It”，既包含着所有跑步运动者所信奉的真理：在意志与自由中不断奋勇向前；也包含着一个普适真理：有志者事竟成。同样地，阿迪达斯的“Impossible is Nothing”也是一个普适真理，同时又与运动本身所特有的真理相吻合：纪录的存在就是为了被打破。

语言的力量

最有力的思想是那些强大到不需要被灌输第二次的思想，这要么是因为它们能立即让人信服，要么是因为它们的出场方式极度震撼人心。苹果 1984 年那部神话般的广告片只在“超级碗”[①] 期间播放了一次。但这并不妨碍这部广告片在很多年以后被选为世纪最佳广告片。[②]

确保思维占据主导地位的一个方法是发展多重叙事。常常要到第二或第三重叙事之后，思维才能开始产生影

① 超级碗，美国橄榄球超级杯大赛。——译者注

② Stuart Eliott，“Advertising：A New Ranking of the ‘50 Best’ Television Commercials Ever Made”，*New York Times*（March 14，1995）.

响。多重信息能够投射出一张大网并吸引新的归附者，多种多样的“神迹”是基督教使徒传播福音的强大武器。品牌经常需要同时利用很多的信息来强化一种新思维，每一个新事例都在支持前一个，并由此而触及不同的观众群体。

最好是在新思维推出时就对其进行多重阐释。当然，一定要小心行事，因为多重信息可能会产生混乱而叠加的叙事。一些研究表明，最好在 70% 的观众都已经看过第一轮的广告，并且至少看过三遍的时候，才开始第二轮的广告投放。

思维的历史是由所有以它为名义的叙事共同创建出来的。保存一种思想的最佳方式是将它的历史记录下来。专著和小说，诸如卡尔·马克思的《资本论》和萨特（Jean-Paul Sartre）的《恶心》（*Nausea*），是传播思维并赋予其正统性的最可靠的方式。

叙事的艺术

讲故事所产生的力量如此巨大，这种古老的实践已经蔓延到了商业界。斯蒂芬·丹宁（Stephen Denning）是前任世界银行知识管理项目总负责人，他在 2005 年出版的《领导者讲故事指南》（*The Leader's Guide to Storytelling*）中说到：“尽管好的商业案例都是用数据支撑来展开的，但它们通常都是在故事的基础上被认可的，这种故事是指将一系列事件以某种因果关系联系在一起的叙事。讲故事能够将干巴巴抽象的数据转换为对目标引人入胜的描绘。”①

巴拉克·奥巴马和约翰·麦凯恩都出版了他们的回忆录。约翰·麦凯恩于1999年出版的《将门虎子》(*Faith of My Fathers*)连续24周登上《纽约时报》非小说类畅销书榜。这本书还在2005年被改编成为一部电视电影。巴拉克·奥巴马的政治生涯开始于他1995年的回忆录《我父亲的梦想》(Dreams from My Father),这本书被《时代》周刊称赞为“可能是迄今为止美国政治家写作的最好的回忆录”。②临近2008年大选,奥巴马又在2006年发表了后续部分《无畏的希望》(*The Audacity of Hope*)。《无畏的希望》比任何一本政治书籍都要畅销,第一个月就卖出了18万册!③

数字世界和虚拟世界使我们能够发展出越来越多的生活方式。如今我们能够拥有多重生活,并能同时讲述很多不同的故事。然而这种发展是有问题的,因为它模糊了现实和虚幻的边界。索尼PlayStation游戏机的广告《双重人生》(*Doublelife*)中的主人公们毫无顾忌地谈论着他们在虚拟世界里的“成就”,比如杀死很多人和违背道德等,但他们讲述的方式就如同是在经历真实的生活一般。

《哈利·波特》系列小说的成功向我们显示了成人和孩子

① Stephen Denning, *The Leader's Guide to Storytelling: Mastering the Art and Discipline of Business Narrative.*

② Joel Klein, “The Fresh Face”, *Time*, 15 October 2006.

③ Hillel Italie, “Obama out front in book sales race”, Associated Press.

对魔力的渴求是如此相像。关于这一点，马克思·韦伯（Max Weber）在《政治作为一种志业》(*Politics as a Vocation*）中已经进行了详尽讨论：理性的解释不能压抑我们对神话和传说的渴望。

第 10 章
相信需要理由

“如果一种思想值得拥有一次，那么它就值得拥有第二次。”

——汤姆·斯托帕德（Tom Stoppard）[1]

① 汤姆·斯托帕德，英国剧作家。——译者注

为了让爱情持久，就必须保持新鲜感。这对思维来说也一样。给出许许多多说服人相信的理由不仅仅能回应批评者，也能使忠诚于它的人放心，并向他们提供传播思维的素材。让奇迹重复发生是使人们信服的好方法——看看基督教是怎么做的吧！思维必须有能力让人们愿意去相信，才能在他们的脑海中扎根。

如果一种思维不能给出足够的理由，或者足够好的理由让人们去相信，它就会处于消失的危险中。没有说服力的论证会导致怀疑，而即使是很小的怀疑也能使思维丧失名誉。20 世纪 70 年代，尤里·盖勒（Uri Geller）以他的特异功能而闻名，他在全世界进行魔术巡演，展示所谓的意念弯勺子。然而，著名的超自然怀疑论者詹姆斯·兰迪（James Randi）也曾经是魔术师，他向公众证明盖勒的本领很容易被任何有技巧的魔术师重复。他的书籍《尤里·盖勒的真相》(*The Truth About Uri Geller*) 激怒了盖勒，该书对盖勒的超自然能力进行了猛烈抨击。

“传播型”证据

要让人们相信，就必须有事实作为根基。所谓的事实，可以是本质上与初始思维相关的产品，即所谓“产品型”证据，也可以是强化人们信念的传播策略，即所谓“传播型”证据。在第一种情况下，“产品型”证据的演变或多或少依赖于产品本身的特性和创新性。比如便携式电话每年都更新，而香槟和白兰地则始终如一。而“传播型”证据则可以被无限制地翻新。

举例来说，耐克的气垫结构等同于“产品型”证据，而耐克城商店则是“传播型”证据。达能的口号是“好食品，好生活”(Good Food，Good Life)。这个口号的“产品型”证据可以是达能酸奶中的益生菌种，而“传播型”证据则可以是“达能营养中心”。路易威登的“灵魂旅程”(Soul of a Journey) 理念可以用它的奢侈品行李箱和旅行配件等“产品型”证据被证明，也可以用它对美洲杯（America's Cup）帆船赛的赞助等“传播型”证据被证明。

基督教的“产品型”证据是基督的生平和殉道。然而基督教背后的思想传播则是通过“传播型”证据来进行的，包括向信徒显现神迹、做主日弥撒、建造礼拜堂和大教堂以及教皇巡视，等等。

网络越来越多地扮演着制造“传播型”证据的角色，政治家纷纷用网络来进行选举宣传就是一个有效的例证。事实上，在2008 年总统大选时，有四分之一的美国人说自己是从网上了解的候选人。[①] 这个数据在年轻人中则再被翻番。

为意识形态建立它自己的网站将帮助它的追随者向亲友布道。网络正在转变非营利性组织工作的方式，使这些组织能以低廉而高效的方式聚集和维护自己的社团。建立和维护活跃的会员群体曾经是一件极其昂贵的事，要印发手册、邮寄信件、召开会

---

① Aaron Smith，*Pew Research Center's Internet and American Life Project, The Internet's Role in Campaign 2008.*

议等，而如今网络使成本大幅降低，发一条微博足矣。网络也改变了慈善机构与其捐赠者保持联系的方式，尤其是当组织与其捐赠者位于不同国家的时候。利用社交网络和网站，这些组织能够实时发布动态并进行交流，从而与它们事业的支持者建立更紧密的联系。

商业品牌也在发展宣扬其意识形态的网站。多芬（Dove）是这方面的先锋。通过“真美”（Real Beauty）行动，多芬已经把自己定位为反对工业美的化妆品品牌。多芬建立了一个网站，歌颂女性本色之美，而无论年龄、种族和身型。网站的宣传广告获得了戛纳广告节的至尊大奖（Grand Prix）。这个名为“蜕变”（Evolution）的广告，展示了一名普通女子通过灯光、化妆和照片处理被制造为标准美女的全过程。这个广告给多芬带来了很大的宣传功效：在加拿大，它的销量增长了两位数。①

为了成长为意识形态，思维需要获取他人的证词。人们相信外星人的存在很大程度上是因为一些人的叙述，他们声称自己曾看到过或遭遇过外星人。口耳相传（一对一）、集会（一对多）都会运用到证词，包括媒体的街头采访，甚或广告中采访对产品满意的消费者，这些都是对证词的运用。

广告常常制造一些虚幻的人物作为某种象征，来为品

① Canada.com，“Ready for Their Close-Up”，August 31，2007.

牌获取真实的声誉，比如麦当劳的“麦当劳叔叔”、新加坡航空的“新加坡女孩”，这些反复出现的人物都成为了品牌的符号象征和品牌理念的“传播型”证据。

传播竞争优势

很多人认为传播策略非常简单，就是把一种商品和观众连接在一起。然而，传播策略实际上在改变着它所服务的产品。这些策略为产品增加了无形的价值，无论它是香水还是酸奶。研究人员发现益生菌后可以围绕它制造出一个产品，然而只有好的传播策略才能展现这一产品的价值。因此，为了实现价值的展现，达能在其益生菌酸奶的广告图像中展示了一个女子的腹部，上面画着向下的箭头，使产品功效一目了然，这个酸奶品牌（碧悠）也由此成为了家喻户晓的品牌。而事实上，在发酵产品中添加另一种菌群并不是一个巨大的科学进步。品牌传播对碧悠的成功所起的作用远超技术的革新。

营销策略创新不是关起门来进行的逻辑研究，而是一项致力于满足消费者需求的应用。营销策略创新的挑战是给予产品竞争优势。品牌区别于其他竞争者的程度越大，越不容易被模仿，它的竞争优势就越持久。

宝洁公司的研究者纯粹是为市场营销服务的，汽车产业也是类似的运作方式。汽车制造商现在几乎不做真正的制造，仅仅是组装，因为大部分制造工作都是外包的。法国汽车制造商雷诺（Renault）宣称自己是“汽车设计者”，这事实上是相当公允的。① 汽车制造商的角色是产品整体概念的创建，就如同厨房里的主厨一样。

优诺是第一个推出可饮用酸奶的品牌，其理念是生产出让人们能边走边喝的酸奶（Yop），这个点子和“随身听”一样具有创新性。然而，Yop 在推向市场的时候遭遇了失败，可能是因为这个思维太超前了。几年之后，Yop 重装上阵，改变了自己的传播策略，将自己重定位在年轻的受众群体当中，结果大获成功。

一个好想法的提出需要将创新能力与时代的变革相连接。创造商业价值意味着预测潮流，并出现在合适的时机合适的地点。然而竞争者的动作也常常比想象的更为迅速。品牌必须不断加快脚步以保持竞争优势，否则很快就会被模仿超越。

品牌正统性

强烈的品牌身份是抵挡剽窃的武器。而具有“正统性”则为品牌提供了额外的保护。人们总认为达能碧悠比雀巢（Nestlé）生产的益生菌酸奶更健康。在消费者的心目中，即使两个品牌都推出了雷同的产品，他们也会认为达能更具有正统性，因为这个

① “Renault se revendique créateur d’automobiles”, Stratégies,（September 12, 2000）.

品牌在健康食品上更有话语权。[1] 由此而言，品牌需要找到难以被复制的概念来确保自己的领导地位。米其林公司发明了辐射轮胎并申请了专利，轮胎市场后来的竞争者也只能强化米其林的领导地位而已。

进行创新时，添加一些增强产品独特性的元素是十分重要的，这能使产品区别于潜在的模仿者。举例来说，《赫芬顿邮报》（*The Huffing ton Post*）创刊之初，通过高水准的撰稿人（名人、知识分子和政治家）、强大而无所顾忌的自由编辑队伍以及阿里亚纳·赫芬顿（Arianna Huffington）[2] 所确保的编辑质量，从其他网上新闻聚合网站中脱颖而出。同样地，麦金塔电脑在 1984 年带来了诸多创新，包括鼠标、回收站、窗口以及开机时对你说“Hello”的屏幕等，这些都让产品变得独特。

对品牌来说，没有什么比在自己的产品上创新更具有正统性了。沃尔沃（Volvo）没有能发明安全气囊实在是个遗憾——如果它们做到了，这项发明将强化沃尔沃“最安全汽车”的地位。而像菲亚特（Fiat）这样的汽车品牌并没有在宣传中与安全概念紧密挂钩，因而也不必要过多投入让工程师开发安全气囊技术。对于这家意大利汽车制造商来说，购买最先进的安全气囊比花时间和精力去研发要聪明得多。

所有研发行为都应该接受正统性的指引，以避免产品偏离核

---

① Carol Matlack, “How Danone Turns Bacteria into Bucks”, Bloomberg Businessweek（November 26，2007）.

② 阿里亚纳·赫芬顿，《赫芬顿邮报》创始人之一。——译者注

心理念。举例来说，奢侈品打火机制造商 S.T.Dupont 如果卖笔也可以畅销，但它必须证明其行为的合理性。如果这家公司的论述是这样的："我们是精致优雅的代表，我们的笔与打火机一样精良。"那么这个品牌就能成功卖出它的笔。创造符合逻辑的"产品叙事"会给消费者提供购买产品的理由。举个例子，比克公司（Bic）对于其产品简洁性的有力论述保证了打火机、圆珠笔和剃须刀的畅销。对这些产品来说，宣传精良做工和简洁就足够了。然而比克公司在香水上却遭遇了滑铁卢，因为简单和实惠是日用品的有力卖点，但对于香水这类奢侈品则并非如此，比克公司无法论证销售香水的合理性。

扩大思维的领地

传播的功能之一是为了给品牌打开新的市场，诸如索尼开发 PS 游戏机、苹果涉足音乐市场和 Target 公司涉足超级卖场。

理查德·布兰森是维珍公司成功进入各个互不关联市场的中间人。由于"维珍"这个名字能够唤起人们对未知领地的愿景，因而布兰森和他的品牌每次进入新市场都显得具有正当性。维珍的每一次发布会上，布兰森都以惊人的方式出场，无论是从高崖滑翔降落，还是从摩天大楼上蹦极而下，都赚足了媒体的眼球。他是自己最好的广告，他几乎有进入任何市场的能力。（在维珍婚庆公司之后会是什么呢？维珍管道公司么？）

我们处于创造的良性循环中，它时常以时代精神和人们新的希冀来丰富自己。它的出发点始终是想象顾客可能会想要什么，因而它能将概念的附加值置于产业链条的起始，置于所提供的产品当中，而不仅仅是让这种附加值体现在最终的广告推广当中。

欧莱雅的系统就是这种价值创造的模板：概念总是先于产品。举例来说，开发香水产品的首要任务是确定想让产品传达的氛围是什么，然后才是挑选名字、香型和包装。

手机产业则为我们提供了失败的案例。最开始，手机公司的主要工作就是制造手机：让人们都用上手机是第一要务，因而几乎没有任何市场营销。传统的手机厂商没能成功进行产品创新与品牌扩张，最终被专注于用设计吸引顾客的韩国公司打败，紧接着又被三星和苹果等智能手机挤出市场。看看摩托罗拉（Motorola）和诺基亚（Nokia）的结局：尽管它们在过去销售强劲，但如今这些公司都已几近消失。

有句安慰人的话是这么说的：一个公司可以在一种创新上失败，但在另一种创新上成功。谁会想到那个在20世纪90年代中期几乎要消亡的苹果品牌，竟然能在电脑、音乐、手机和如今的出版（iPad）等多个领域攀上顶峰呢?

好消息是：那些思想中的“睡美人”总能被好的创新从睡梦中唤醒。

第 11 章

媒介：思维传播机

“好思维很常见——不常见的是为实现它而足够努力的人。”

——阿什莉·布里连特（Ashleigh Brilliant）①

① 阿什莉·布里连特，英国作家。——译者注

“旷野呼声”（crying in the wilderness）这个说法并不意味着你的话没有人理睬。它来源于《圣经》——当犹太长老询问施洗约翰（John the Baptist）他是不是先知时，他回答“在旷野中有人声喊着……”①，其意是指希伯来人在荒漠中接受天启，施洗约翰是在预告救世主的到来。而如今，包括记者在内的各种传媒都在使用错误的含义，因而这句话的历史含义几乎已经被遗忘殆尽，而“无人理睬”的含义反而变成了真理。因此说，媒体传播对于思维起着至关重要的作用，我们必须在正确的时间，使用恰当的媒体渠道，对着正确的受众进行准确的诠释，从而避免成为“旷野呼声”。

世界上最古老的媒介

媒介中最古老的便是口耳相传。思维常常是由一个人传播给另一个人的。世界第三大宗教印度教，也是最古老的宗教之一，可以追溯到耶稣降生的 2500 年前。印度教就是来源于口头传述，其信仰的传播归功于口耳相传。这证明了早在互联网出现之前，广泛的散布传播就已经是切实可行的了。

口耳相传是传播思维最廉价的方式。口耳相传的散布方式几乎不用任何昂贵的媒介。思维的每一位传播使者都有责任传播教义，回应批评。个体传授是思维扩张强力的

① 马太福音 3:3。

引擎，无论是哲学、政治还是宗教。

口耳相传有一个很大的风险，即错误信息。就像打电话游戏一样，用口耳相传的方式来传递信息有时会造成扭曲或夸大。中国人所说的“以讹传讹”是有道理的。为了使口耳相传的传播方式得以成功，思维必须以真实的书面记录作为支撑。

话飞字留

拉丁文版本的《圣经》是世界上第一部批量印刷书籍，它由约翰内斯·古登堡（Johannes Gutenberg）于1452年出版。有人曾听古登堡说过：“上帝忍受着大量灵魂的煎熬，因为他的话语无法到达这些灵魂。”通过出版《圣经》，古登堡完成了他的使命。

与普遍观念相反，古登堡并没有发明印刷术。早在4个世纪之前，中国的毕昇就已经发明了活字印刷。古登堡没有在他生前成为名人，他在美因茨的坟墓也无法找到。他是一个有创造力却无法和生意伙伴搞好关系的实例：在古登堡欠债案庭审之后，胜诉的约翰·福斯特（Johann Fust）没收了古登堡留给后世的印刷机。

书籍尊重作者的意图，它仍然是向后世传承完整思想最有效的方式。虽然书籍无可取代，但它却是“冷媒”，收效迟缓，这与报刊等“热媒”是相对的。

信息制造

在 18 世纪，周报和半月刊等出版物在德国和荷兰等城市的初现。这些新的信息来源常常包含着战争和外乡政治的消息。由于当时的审查制度，本土政治常被忽略。19 世纪，第一家通讯社成立了，它也是为占统治地位的政治力量服务的。

无线电的发明引发了媒介的革命。1920 年，定期无线电广播在美国、英国和俄罗斯兴起。一年以后，埃菲尔铁塔被当作法国第一次无线电广播节目的天线使用。1928 年，美国总统候选人阿尔·史密斯（Al Smith）和赫伯特·胡佛（Herbert Hoover）成为第一批运用无线电进行竞选活动的政治家。①

书籍最早被用来传播宗教思想，而无线电广播则迅速被用于传播政治思想。胡佛以 53% 的多数支持赢得了 1928 年的总统选举。10 年后，奥森·威尔斯（Orson Welles）在广播中再现赫伯特·乔治·威尔斯（Herbert George Wells）的小说《星际战争》（*The War of the Worlds*），造成了很大影响：由于广播逼真的效果，很多人真的以为地球正在被火星人进攻！② 无线电广播逐步成为了比新闻报刊更热门的媒介。

---

① Antony Rudel，“Before TV and Internet—When Radio Was the First Electronic Medium”，*US News*（October 9，2008）.

② “Radio Listeners Panic，Taking War Drama as Fact”，*New York Times*（October 31，1938）.

下一个伟大的革命就是视听媒体的兴起——电影（1895）与电视（1926）。电影的发明常常归功于卢米埃尔（Lumière）兄弟，1985 年，他们在巴黎大咖啡馆印度沙龙第一次售票公映电影。然而，发明家莱昂·布莱（Léon Bouly）是第一个为“电影放映机”申请专利的人（1892 年）。这件事显示了首发活动的力量，它可以将发明的荣誉归于连专利也没有申请的人。

卢米埃尔兄弟的第一部电影可以被视为如今商业电影的先锋。这部名为《工厂大门》(*Sortie des Usines Lumière à Lyon*）的影片仅有 50 秒钟，它事实上为卢米埃尔家族的生意做了广告。视听语言在之后几年变得更加复杂，这得益于大卫·格里菲斯（D.W.Griffith）创造的定位镜头和梅里爱（Méliès）在《月球旅行记》(*A Trip to the Moon*）里发展的早期特效。随着 1927 年“有声电影”的到来，电影艺术成为了真正的视听媒体，而直到二战结束电视才走入前台。

新媒介都是在先前存在的媒介模式上发展而来的，并没有完全将旧媒介取代。事实上，每一种媒介都有它独有的长处：口耳相传具有感染力；书籍提供了正统的叙述；新闻和广播是“即时”媒体；而电视和电影则能震撼人心并在与观众进行情感连接方面最为强大。因此说，每一种媒介都有其不可替代的作用。

大众传媒

在思维传播中，不是所有媒介都有同样的力量。电视已经占据了极高的主导地位，这归因于它无与伦比的大规模扩散功能，这种功能使它能够在同一时间，为了同一事件将无数人联系在一起。电视频道与一个国家的居民有着固定的联系（据说法国人每天花费在电视机前的时间是 3.5 小时），它将理性与感性融合在一起，因而具有其独有的说服力。没什么能替代电视作为舆论催化剂的作用。

如今的公众舆论很大程度上被媒体影响着。各种媒介都期望以互动的方式实现思维传播的指数增长。从电视、广播到移动电话和互联网，每一种媒介都能构建、控制，或是扩大某些观念。在无数观念的融合碰撞中，公众舆论在很大程度上是被大众媒体塑造出来的。

同时在多种媒介传播的思维将更有机会影响公众舆论，并且比一次只在一种媒介上发布的思维获得更多的注意。当谈到发布新思维的时候，电视仍然是最关键的媒介，尽管其他媒介也发挥它们各自的重要作用。政治人物会在广播里演讲，或者接受报纸采访，然而最终目的是希望获得电视报道，特别是像晚间新闻这样的黄金时段，这种所谓的“发射台”策略常常能够非常成功。举例而言，莎拉·佩林虽公开谴责主流媒体为“笨蛋媒体”，但仍不断利用她极其活跃的 Twitter 和 Facebook 主页来抢占电视新闻报道。用这种方式，她能够因为不在电视广播网中出现而将自己定义成“媒体局外人”（考虑到她在福克斯新闻网的现身，这种说法是如此不靠谱），但又仍然能在这些电视广播频道中获得宝贵的出境机会。

新媒体2.0

互联网对电视造成了严重威胁。尽管美国的年轻人花在电视上的时间比电脑上多[①]，但媒介的交互消费（在电脑前面看电视，或者打电话时听广播）正在上涨。很快，电视和电脑就将是可互换的了[②]。

互联网是一种同类相食的媒介，它能将其他媒介吞并：无论是听广播、看电视、看电影，还是读小说、读报刊以及传播信息散布言论，所有这些都能在网络上完成。

互联网不仅改变了我们传播信息的方式，也改变了我们制造信息的方式。过去十年里，广告业为撼动那些经久不衰的成规实验了很多新方法。最近几年，“超级碗”变得越来越有意思，不仅仅是因为橄榄球比赛，同时也因为精彩的广告。如今，这项赛事能吸引一亿观众的观看，这几乎闪回了有线电视的年代，在那个年代里，很大比例的人都会在同一时间收看同一个节目。“超级碗”中播放的广告反映出这项赛事的特殊地位，这些广告常常由大品牌

---

① “US Teens Spend More Time Watching TV Than on Computer” AFP，25 June 2009.

② Brian Stelter，“Television and Computers Speed toward Interchangeablitily”，(March 10. 2008) .

制作，费用极其昂贵，并充斥着与其花费相称的名人和特效。尽管我可以就“超级碗”广告写一整本书，但有两个例子是我认为格外富于启发性的：多力多滋（Doritos）和百事可乐。

2007 年，一条被网络用户制作并提交的广告登上了“超级碗”。这是多力多滋主办的第一届“冲击超级碗”（Crash the Super Bowl）年度广告大赛，网络用户可以遵循事先拟定的品牌指导原则，制作并提交一条多力多滋广告，然后由网民投票选出最终将登上超级碗的广告。“冲击超级碗”如今已经差不多有十个年头了，它是广告策略进化的一个绝佳的例子。这提示我们，品牌应该与观众互动，甚至可以一同创造宣传素材，而不再是向消费者单向喊话。

另一个非常有趣的例子是百事可乐。2009 年“超级碗”比赛中，百事制作了一则名为“赞歌”（Anthem）的广告，彼时，这个品牌刚刚围绕“焕新”（refresh）这个标语对自己进行了重定位。百事的这则广告是对青年文化的赞歌，而百事本身就与这一文化有着不解之缘。广告中展示了不同时代的年轻人在音乐会、海滩以及和家人在一起时的不同形象，并将鲍勃·迪伦（Bob Dylan）和 will.i.am 在不同年代演唱的《青春永驻》（Forever Young）这首歌重新混合剪辑在一起形成古今二重唱。美好、趣味与流行并存，这真是一个令人难忘的广告！

然而，百事并没有出现在 2010 年“超级碗”赛事中。为了与它们的新签名“百事焕新世界”（Every Pepsi Refreshes the World）相匹配，百事品牌也不断刷新自己，将本应投入于超级碗广告的资金（大约 1170 万美金）[①] 用于“百事焕新计划”(Pepsi Refresh Project)。这是一个自发性社交媒体慈善活动，参与者可以为自己的慈善项目向百事申请基金，数额在 5000 到 2.5 万美金不等。项目类别包括：健康、环保、教育、社区、艺术文化以及食品与住所。每个月，由网络用户投票评选出他们最喜欢的项目。2010 年末，287 个项目获得了基金。这一自发性活动被普遍认为是品牌与消费者互动的一个突破性的方式，[②] 甚至被《福布斯》杂志评选为最佳社交媒体宣传活动之一。[③]

如何在媒体中发出声音

在这样一个自我消费的社会，我们面对的是一群主动的观众。所有的事物都能成为媒体，包括个人。每个人都能通过博客、Twitter 和 Facebook 将自己置于公众目光之下，我自己也不例外。[④] 随着互联网的兴起，品牌本身也成为了媒体。由广播公司制作的《绝望主妇》(Desperate Housewives）和由洗发水品牌 Suave 制作推广的网络连续剧《母爱之道》(*In the Motherhood*）并没有多大不同。如今，每个网站都有成为网络电视频道的潜质。

在如此嘈杂的环境中，让你的声音突破周遭喧嚣被人听到才

①② Natalie Zmuda，“Cola Bottle，Community Groups Pepsi Refresh's Big Winners”，*Advertising Age*（November 1，2010）.

③ Victoria Taylor，“The Best Ever Social Media Campaigns”，*Forbes*（August 17，2010）.

④ www.nicholasbordas.com.

是关键。品牌比以往任何时候都需要“制造事件”，它们必须谨慎精心地策划宣传的时间和方式，为的是获取最大的影响力。广告宣传需要像好莱坞电影一样对媒体策略深思熟虑，需要运用所有可能的手段来进行传播。电脑游戏《光环 3》(*Halo 3*) 在 2007 年推出时，第一周的销量即打破了行业纪录，在其发布 24 小时之内就拥有了百万玩家①，发布两周内销售了 500 万份。② 在它发布的那一周里，美国电影院与上一年同一周相比遭遇了 30% 的票房下滑。③ 一款电脑游戏的发布影响全美影院票房收入可还是头一遭。为了获得这些耀眼的结果，《光环 3》做足了准备，不仅建造了一座真实与虚拟并用的博物馆，专门用来呈现游戏中的勇士，还精心策划了场面壮观的媒体宣传活动。

开展宣传活动时，我们需要透彻理解不同媒介会为品牌的推广带来怎样不同的效益。这种理解媒介的需求反过来催生了一个新职业：受众策划人（audience planner）。受众策划人不仅需要清楚掌握不同媒介是如何彼此互动的，还要摸透观众的心思，从而优化品牌的传播方案和所

---

① Paul McDougall，“Halo 3 Sales Smash Game Industry Records” *Information Week*（September 27，2007）.

② “Microsoft says ‘Halo’ 1st-Week Sales Were $300 Million”，*Reuters*（October 4，2007）.

③ Claude Akner，“Bad Box Office? Blame ‘Halo’ ”，*Advertising Age*（October 15，2007）.

传达的信息。最大的挑战在于如何让围绕品牌的热议实现最大化，而这种热议正是所谓的“免费”媒体，因为在热议之下公众本身就会成为信息的免费传播者。品牌都非常清楚，不断吸引新的追随者是非常重要的，它们所做宣传的很大一部分既是为了巩固那些业已追随自己的人，也是为了制造新的“信徒”。举例而言，汽车广告一直在努力使客户确信他们做出了好选择，以此希望这些客户能够在自己的朋友圈里吹嘘自己的新车。梅赛德斯-奔驰（Mercedes-Benz）希望自己的客户感觉到选择他们的车提高了声望，而宝马则希望自己的客户为高质量的工艺感到骄傲。这些感受可以使顾客为自己的购买选择感到安心，从而更有可能将品牌信息传播出去。

网络释放了口耳相传的力量，思维因网络得到更快的传播，而它唯一的障碍可能就是语言不通的问题。最重要的是，网络以其公共性产生了一种参与感和融入感，用户可以参与到某种思想的对话讨论中来，从而使人们从最初的知道这种思想逐步升级为它的代言人。

在新媒体时代中，利用免费媒体成为了关键。公共关系在传播中扮演了越来越核心的作用。苹果预见了这种趋势，因而在每次新产品发布会上，苹果都采用它自己的媒体：史蒂夫·乔布斯。在产品的官方广告发布之前，乔布斯的主旨演说就已经在世界范围内掀起了风潮。

我们还应注重培养合作伙伴关系，从而以低成本调动更多的媒体资源，品牌越像媒体一样行为，它与其他媒体交易的空间就越大。线下媒体的这种操作已经持续多年。这些媒体或品牌并不需要支付高昂的广告费，因为它们可以与其他媒体或品牌进行广告空间的交换。这种方式也蔓延到线上媒体，它们可以通过链接的方式互换页面广告位置。

挑逗是思想正式发布之前激起兴趣的绝佳方式。《哈利·波特》（*Harry Potter*）系列是一个完美的参考案例。通过粉丝社群提早预告书籍的发布，《哈利·波特》一书的巨大影响力长达十年之久，全世界都在对这个系列的新书屏息以待。

如果能洞察你的目标受众在期待什么、优化你的品牌所拥有的媒介、将网络的应用置于核心、开拓公共关系并在媒介伙伴关系上投资来降低成本，你就能充分利用资源丰富的传媒系统之力。如果你想知道如何鼓舞人心，就去学习史蒂夫·乔布斯吧！

第四部分

思维到意识形态的蜕变

第 12 章
从思维到意识形态

“激进分子发明思想。当他已经把这些思想用旧的时候，保守主义者才接纳它们。”

——马克 · 吐温（Mark Twain）

思维并非生而为意识形态，它必须成长为意识形态。这种转化的达成取决于思维能否为大量人群提供一种有意义的世界观。意识形态能够给予人们生活的理由，它们挑起了战争，也带来了和平。

当思维成为世界观

每一个时代和每一个社会都同时是意识形态的生产者，又是意识形态的产物，无论这些意识形态隶属宗教（比如基督教）、政治（比如马克思主义）、经济（比如凯恩斯主义）、哲学（比如存在主义）、文学（比如浪漫主义）还是社会文化（比如裸体主义、消费主义、营养主义）。

我们这个时代也孕育了各种各样的意识形态，比如“反全球化”“零碳”主义，我们也看到了“瘦”作为标准长期统治审美领域，以及“核能”主义者低估可能的问题而一心想要确立核能作为清洁能源地位的意愿。

所有的大品牌都希望将它们的世界观转变成意识形态。为了长期存活，商业公司需要让它的核心品牌具备跨代际的长远视野。可口可乐将焦点集中在年轻人和普遍主义之上（谁会忘记“我想为世界来瓶可口可乐”这句话呢?），这使得它在 20 世纪全球化进程中占尽风头，也因此成为了共享普世价值的象征。而麦当劳却因为品牌

“被”意识形态化而备受煎熬。它不仅被视为肥胖流行的同义词，在世界人民的眼中它还是美国文化帝国主义政策向国外输出的替身。① 结果麦当劳不得不推出健康食谱，并在欧洲强调本土采购、本土雇员和食品质量，从而提出反证来扭转人们的印象——这真不是一件容易的事！

苹果是最为意识形态化的品牌。它具有意识形态所有的要素：一位领袖（史蒂夫·乔布斯）、一群门徒（“狂热果粉”）、一个标志（苹果标识）、一个定义性的标语（Think different）、一种愿景（机器应该来适应人，而不是人去适应机器）以及集会（史蒂夫·乔布斯年度MacWorld展览演讲）。很多品牌也都有意识形态的要素，比如耐克的标志（勾形标识）和“Just Do It”，或者维珍公司的理查德·布兰森。然而，苹果仍然是迄今为止在意识形态化方面最为领先的品牌。

意识形态的属性

思维要变成意识形态，它需要一位代言人、一个可识别的标志、一条标语、一种世界观、一套价值体系、一条宣言和一系列外在展现。

---

① Michelle Goldberg，“Falling arches”，Salon.com，http：//www.salon.com/news/feature/2002/12/05/mcdonalds，（December 5，2002）.

基督教是意识形态的绝佳例子：它有预热阶段（天使报喜）、令人惊叹的发布（基督降生）、一个颠覆的理念（一神论，爱是宽恕），有卓越的代言人（耶稣和保罗）、一条伟大的标语（“常在我的爱里”），有一个通用的标志（十字架）以及其他象征（圣母玛利亚及其他圣像），有信仰的理由（帕斯卡的赌注）、周期性的传播形式（主日弥撒）、一份宣言（《新约》），还有观点领袖（使徒、圣徒、神职人员和教友团体），等等。

基督教符合本书列出的所有意识形态的标准。然而，基督教不是一个独特的例子。事实上大多数的宗教都可以用同样的方式来看待。

那些成为意识形态的思维有能力建立一整套传播系统来保持它们的活力。最坚固的意识形态能持续成百上千年，比如宗教。其他意识形态的发展成形也能够跨越几代人，比如马克思主义，而另一些则仅仅停留在某个时代，比如浪漫主义、存在主义、印象派，等等。

除了保证与环境的相关度、颠覆力量、创始人的可靠性和高质量的发布活动以外，意识形态还必须能够被总结成一句口号或者一个关键思想，比如马克思主义“全世界的无产阶级，团结起来”，以及和平主义的“和平与爱”。意识形态需要有自己的视觉符号（和平主义的鸽子，马克思主义的锤子和镰刀）、一个可以被讲述的故事（和平主义的伍德斯托克音乐节，甘地主义的食盐长征）、信仰的理由（绿色和平组织的彩虹勇士号，马克思主义的俄国革命）以及一份宣言（存在主义的《存在主义是一种人道主义》，共产主义的《共产党宣言》）。

越来越多的跨国品牌都在努力回答这样一个问题：我们主张的是什么，或者说我们存在的理由是什么。品牌常常以图书的形式展现自己，这些图书是品牌证明自身存在合理性的手段：没有了我们，世界将会缺点什么。为了在全球推广自己新的传播理念，品牌常常首先在媒体上发布它们具有强烈意识形态的宣言，诸如阿迪达斯的“Impossible is Nothing”和宝路狗粮的“全心为爱犬”就是这样的例子。

若缺乏好的宣传，意识形态就会丧失力量。建立欧盟的思想诞生时有着很好的支持：有利的环境（两次世界大战时人民对欧洲和谐的期望）、不容置疑的颠覆力量（“如果我们创建一个元国家会怎样？”）、卓越的创建者/代言人（让·莫奈、罗伯特·舒曼）、成功的起始（欧洲煤炭钢铁委员会）和有力的符号（12星蓝旗）。然而，宣传本身并没有转换为无可争议的事实：继《罗马公约》（*Treaty of Rome*）之后再没有其他宣言，欧洲人迄今也没有获得积极正面的体验和相信的理由（他们仅仅看到缺乏足够准备的领地扩张和换用欧元后的物价飞涨），最重要的是，21世纪以来，欧盟就没有一位具有魅力的代言人。思维损耗得越多，它就越难以被重新推出。

经济全球化大幅度削弱了20世纪资本主义和马克思主义的对峙。而许多社会文化方面的意识形态则将它们的信条加入了我们生活的方方面面：关于标准美的意识形态（被多芬抨击）、关于食物（食物必须是“健康的”）和娱乐的意识形态等。千万不要被愚弄了——这些意识形态都是被制造出来服务于特定利益集团和游说集团的。意识形态从来不会无缘无故被发展出来，它往往都是由既定利益集团创造的。

谁在思维中获益？

为了理解某个主张和意识形态背后潜藏的利益，我们仅仅需要这样发问：这个主张将使谁获益？思维绝不会从虚无中来，它们都有一个来源和动力，而那些能从它们中获利的人就是为其动力提供给养的人。如果不是奶制品游说集团和奶农的话，还有谁会从“牛奶有好处”这个（争议性的）宣称中获利呢？如果不是电话制造商的话，谁还会从“无论在何处，人们都需要被联系”这个概念中获利呢？如果不是整个时尚产业，从时装设计师到化妆品厂再到杂志编辑，谁还会从“为了做最好的自己，女人需要购买美容产品和服饰”这个理念中获利呢？

意识形态是利益的共同体，这个定义解释了为什么人类所有基于理念的倡议都是联结共同利益的潜在意识形态和世界观。那些将自己的品牌身份意识形态化的公司就是实例。这些公司都有一个理想，就是目睹自己的品牌成为意识形态。

结语：

给你的主意出个主意

“重要的不是人们如何获得思想，而是思想如何赢取人心。”

——阿伦·林奇（Aaron Lynch）[1]

① 阿伦·林奇，美国作家。——译者注

思维的世界无形而奇妙，我希望能分享我所知道的有关思维是如何运作的知识，这就是我写作这本书的初衷。无论思维是伟大的还是渺小的，是哲学的、慈善的还是商业的，我都会评判它们的优劣，以及它们用以确保成功所使用的传播手段的正当性。

思维操纵

成功难道不是操纵得来的吗？传播型社会难道不是对人的操控吗？马尔库塞（Marcuse）、哈贝马斯（Habermas）、德波（Debord）等哲学家对所谓“景观社会”（society of the spectacle）的控诉为传播型社会的批判研究打下了理论基础（传播型社会是由消费社会及其过度倾向发展而来的）。娜欧米·克莱因的《颠覆品牌全球统治》（*No Logo*）一书似乎就是出自于这一思想派别。

在《韦氏词典》中，动词“manipulate”有着很多含义：字面含义是“用手或机械手段以娴熟的方式来处理或操作”，比喻意义是“巧妙地使用或利用”，而常用的意义则是“为了某人的目的而用狡猾和不公正的手段来改变”。

每一种形式的传播都有操纵的元素，这是我们必须要认识到的事，以免成为那些冲我们而来的宣传手段的牺牲品。为了对过度的传播型社会保持免疫，我们必须给自己注射预防针，了解操纵的技巧从而避免成为它们的猎物。用这种方式，人们能够对各种理念形成自己的看法，而不是人云亦云，他们也能够从中学习如何强化自己的观点。数字革命太过强大，我们无法想象退回一步会是什么样子。我们不需要抑制传播型社会的发展，而是应该让每个人都了解它。

传播与对概念、词句和图像含义的操控有关。我们接收的大部分信息都是被技术处理过的。编辑、制作人和记者决定了哪些信息是最重要的，决定了呈现信息的角度和形式。信息永远都会带有主观性，这种主观性取决于为了维护自己的观点而传播这些信息的人是谁。

当我们考虑“manipulate”一词的比喻意义和常用意义时，问题会变得更敏感。引领一种思想取得胜利，而不借助巧妙的手段，有人能做到这一点吗？答案是：没有！从古至今，思维创造者们一直在辩论、对话，以说服他人认可自己思维的价值。这些人常常吹嘘他们自己的长处而贬低竞争者，他们也常常选择性健忘，不去提起那些对他们的思维具有重大影响的人或事。同样地，宗教也经常利用操纵的方式来发展新的归附者并牢牢控制信徒。即便是爱，这个让很多人生存下去的理由，也会使用策略去巩固自己的地位。

古希腊人编撰了各种形式的修辞术，或者叫“通过论述进行演讲和说服”的艺术。然而苏格拉底（Socrates）感觉到自己有责任区分修辞术和智者的诡辩术，后者是为了任何可能的动机使用说服的技巧进行争辩的技术。①

为了使一种思维取得成功而不择手段很难说是一件好事。然

① Plato，*Gorgias and Timaeus.*

而，人们必须去了解所有可能的操作手段以避免成为牺牲品。我个人认为我们应该在孩子们小的时候就告诉他们思维和意识形态运作的方式，这样的教育将能帮助孩子们在未来岁月里抵御特殊利益集团的进攻。

思维传播包含操纵，这个事实不应该成为阻止人们将自己的思维发挥到极致的理由。太多思维都被浪费了，只有不到四分之一的新产品能活到第二年，这种浪费是巨大的。传播不是一门精确科学，没有完美的秘诀，但冒风险是值得的——风险越大，你成功的机会就越大。

创新训练营

创新能力在我们的教育设置中极少被重视。然而，常常是孩子和倾向于反抗现有秩序并用新鲜眼光看世界的人拥有这种能力。一个苏格兰孩子发起的“Room 13”项目正努力争取更多创造性的教育。“Room 13”允许上中学的孩子（10 岁到 14 岁的年龄）与艺术家共同组织课堂，并在课堂里用创造性的方式表达自己。自 1994 年创立以来，“Room 13”已经扩展到世界上很多国家，特别是南非和亚洲。我可以很自豪地告诉大家，在 2010 年，法国巴黎郊外的一所中学迎来了她的第一个“Room 13”课堂。我期望以后能有更多这样的行动来帮助孩子们培养创造性。

传播十诫

我们将用关于思维传播的“十诫”来总结这段长长的思维旅程，用以帮助你的思维获得成长，并在与其他思想的竞争中胜出。

(1) 充分利用环境。

让我们以这样一个概念开始：任何思维都能成功，只要它以一种聪明而恰当的方式去利用环境。无论在思维发布以前、发布之时还是发布以后，分析文化环境和竞争环境对思维发展可能产生的影响都是至关重要的。

(2) 颠覆与破坏。

必须要使你的思维最大限度地拥有颠覆的力量，无论是形式上的还是本质上的，这样它才能引起轰动。

(3) 找到合适的代言人。

记住：你是思维的创造者，但并不必然是它最好的代言人。要找出一个最好的代言人来支持你的想法。

(4) 在如何发布新思维上下功夫。

你只有一个“第一印象”，不要错过它。

(5) 找到一条绝妙的标语。

找到一条能使思维好记又容易被传播的标语。

(6) 运用强烈的符号。

给你的思维起一个好名字，并创造一个好标志，使得它容易被传播，但又不容易被模仿。

(7) 讲故事，写宣言。

询问你的内心，你想讲一个什么样的故事，并用宣言的方式在最开始就将思维固定下来。

(8) 证明，再证明。

通过行为、体验和其他有形的元素创造出让人们相信你的理由，并让这些见证者成为你的门徒。

(9) 求助于免费媒介。

在媒介的运用上，要让免费媒介优先于付费媒介，要以最能引人注目的方式来运作，从而制造轰动和热议。

(10) 维护你的关系网。

维护你的社群，让追随者们能够时刻更新信息，从而保证思维的传播。

上面的“十诫”对于所有领域的思维都适用。21 世纪让我们领略了很多闻所未闻的传播方式，而如何驾驭它们则是需要我们去学习的。金融危机教会我们去质疑人们所有现行的处事方式，每个新思维都有它自己的机会，尤其是现在。

写这本书的想法就是希望帮助人们最大限度地发展他们的思维，并避免被其他人的想法所左右。

这是个好点子，不是吗？

参考资料

AKNER, Claude, "Bad Box Office? Blame 'Halo.'" *Advertising Age*, 15 October 2007.

BEAUVOIR, Simone de, *Le Deuxième Sexe,* Gallimard, 1949.

BOUDON, Raymond, *L'Art de se persuader,* éditions du Seuil, *Points Essais* collection, 1992.

BRAQUE, Georges, "Pensées sur l'Art." *Confluences*, n° 4. May 1945, BROWN, Rita Mae, *Sudden Death*, Bantam Books, 1983.

CHAMFORT, Sébastien Roch Nicolas de, *Maximes et Pensées: Caractères et Anecdotes*, Gallimard, *Folio* collection, 1982.

CHATEAUBRIAND, Français-René, Vicomte de, *Analyse raisonnée de l'histoire de France*, La Table Ronde, *La Petite Vermillion* collection, 1998.

CORNEILLE, Pierre, *Sertorius*, Comédie-Française, repertory collection, 1989.

DAWKINS, Richard, *The Selfish Gene*, Oxford University Press, 1976.

DEBORD, Guy, *La Société du spectacle*, Paris: éditions Buchet-Chastel, 1967.

DEBRAY, Régis, *Vie et mort d'image: une histoire du regard en Occident*, Gallimard, *Bibliothèque des Idées* collection, 1992.

DELAHAYE, Sébastien, "Joost : des ambitions déjà à la baisse pour la télé Internet, " <http: //www. Ecrans.fr>, 7 April 2008.

DRU, Jean-Marie, *Disruption : briser les conventions et redessiner le marché,* Village Mondial, 1997.

DRU, Jean-Marie, *La Publicité Autrement*, Gallimard, *Le débat* collection, 2007.

DU BOS, Charles, *Approximations,* Fayard, 1965.

ELLIOTT, Stuart, "Advertising: A New Ranking of the '50 Best Television Commercials ever Made'." *New York Times*, 14 March 1995.

FERRAND, Olivier, director, *Moderniser la vie politique–Innovations américaines,* Terra Nova Foundation report on American campaign techniques, January 2009.

GONCOURT, Edmond et Jules de, *Idées et Sensations,* A. Lacroix, Verboeckhoven et Cie, 1866.

GRAHAM, Jefferson, "Posters Reap Cash Rewards at Video-Sharing Site Revver, " *USA Today*, 14 September 2007.

GRIGGS, Robyn, "Avis makes No. 2 an Enviable Position, " Doyle Dane Bernbach, 1962 campaign for rental car company.

GUARE, John, *Six Degrees of Separation: A Play,* Vintage Books, 1990.

HALIMI, Serge, "Les Vautours de Timisoara, " <http: //www.acrimed.org>, 1 October 2000.

HEISKANEN, Ville, and THOMSON, Amy, "Motorola to Split into Two After Phone Sales Slide(update 10) ." <http: //www.bloomberg.com> 26 March 2008.

HUNTER, Robert, *Les Combattants de l'arc-en-ciel : la première expédition de Greenpeace(Amchitka, 1971)* , éditions Gallmeister, 2007.

ITALIE, Hillel, "Obama Out Frontin Book Sales Race, " Associated Press, <http: //blogs.suntimes.com>

JACKSON, Richard, *Writing the War on Terrorism: Language, Politics and Counter-Terrorism,* Manchester University Press, 2005.

JEANSON, Francis, *Sartre dans sa vie*, éditions du Seuil, 1995.

KAPFERER, Jean-Noël, *Les Marques, capital de l'organisation,* éditions d'Organisation, 1991.

KELLER, Emily, *Margaret Bourke-White: A Photographer's Life,* Lerner Publications, 1996.

KING, Rachael, "Printing in 3D Gets Practical", Business Week, n°6, October 2008.

KLEIN, Naomi, *No Logo: La tyrannie des marques*, Actes Sud, 2001.

LARMARTINE, Alphonse de, *Vie des grands Hommes, tome 2: Gutenberg,* Bureau du Constitutionnel, 1856.

LEFĒBURE, Antoine, *Havas, les arcanes de pouvoir*, Grasset, 1992.

LYNCH, Aaron, *Thought Contagion: How Belief Spreads Through Society*, New York, Basic Books, 1996.

MADRIGAL, Alex, "Scientists Flesh Out Plans to Grow(and Sell) Test Tube Meat, " *Wired Magazine*, 11 April 2008.

MCDOUGALL, Paul, "'Halo 3' Sales Smash Game Industry Records, " *InformationWeek*, 27 September 2007.

MCLUHAN, Marshall, *Understanding Media: The Extensions of Man*, McGraw-Hill, 1964.

MCLUHAN, Marshall, *The Global Village: Transformations in World Life and Media in the 21st Century*, Oxford University Press, 1989.

MICHEL, Philippe, and THéVENET-ABITOL, Anne, *C'est quoi l'idée?* éditions Michalon, 2005.

MORIN, Edgar, *La Méthode, tome 4: les idées,* éditions du Seuil, *Points* collection, 1996.

MORITA, Akio, REINGOLD, Edwin M., and SHIMOMURA, Mitsuko, *Made in Japan: Akio Morita and Sony*, Dutton, 1986.

NEVEU, Erik, *Une Société de communication?* Montchrestien, 3rd edition, 2001.

NIZZA, Mike, and LYONS, Patrick J, "In an Iranian Image, a Missile Too Many." *New York Times*, 10 July 2008.

PICABIA, Francis, *Dits,* éric Losfeld, 1960.

PLATO, *Gorgias*, Create Space, 2011.

POUILLE, Jordan, "Mais qui a bousculé Jin Jing? " *Mediapart*, 26 April 2008.

PROUST, Marcel, *À la recherche du temps perdu: le temps retrouvé*, NRF, 1927.

QUESSADA, Dominique, *La Société de consommation de soi*, Verticales, 1999.

RANDI, James, *The Truth about Uri Geller*, Prometheus Books, édition revue, 1994.

RIMBAUD, Arthur, *Poésies: une saison en enfer, illuminations*, Gallimard, *Folio* collection, 1973.

ROCHER, Guy, *L'Action sociale, tome 1: introduction à la sociologie générale*, éditions du Seuil, *Points Essais* collection, 1970.

ROGERS, Everett M., *Diffusion of Innovations*, Simon & Schuster International, 5th revised edition, 2003.

ROHTER, Larry, "Portable Stereo's Creator Got His Due, Eventually." *International Herald Tribune*, 16 December 2005.

ROUSSEAU, Jean-Jacques, *Discours sur l'origine et les fondements de l'inégalité parmi les hommes*, Gallimard, *Folio* collection, 1989.

RUDEL, Anthony, "Before TV and the Internet: When Radio Was the First Electronic Medium." *U.S.News and World Report*, 9 October 2008.

SADIGH, Soudabeh, "Iran's Most Ancient Banner Goes on Display in National Museum." Cultural Heritage News Agency, 14 May 2007.

SALMON, Christian, *Storytelling, la machine à fabriquer des histoires et à formatter les esprits,* éditions La Découverte, 2008.

SARTRE, Jean-Paul, "Après Budapest, Sartre parle." *L'Express*, 9 November 1956.

SARTRE, Jean-Paul, *L'Existentialisme est un Humanisme*, Gallimard, *Folio* collection, 1946.

SCHANK, Roger, *Tell me a Story: A New Look at Real and Artificial Memory*, Scribner's, 1990.

SMITH, Aaron, "The Internet's Role in Campaign 2008." Pew Research Center, Internet and American Life Project, 15 April 2009.

STELTER, Brian, "Television and Computers Speed Toward Interchangeability." *New York Times*, 10 March 2008.

STENDHAL, *La Vie de Henry Brulard*, Gallimard, *Folio* collection, 1973.

TEILHARD DE CHARDIN, Pierre, *Le Phénomène humain*, éditions du Seuil, 2007.

TERHUNE, Chad, and VRANICA, Suzanne, "Mixing Diet Coke and Mentos Makes a Gusher of Publicity", *Wall Street Journal*, 12 June 2006.

THOMPSON, Dale C . *De Gaulle et le Québec*, Trécarré, 1991.

TOOLE, John Kennedy, *A Confederacy of Dunces*, LSU Press, 1980.

VAN BUSKIRK, Eliot, "Introducing the World's First MP3 Player." <http: //www.Cnet.com> 21 January 2005.

VANDEREM, Fernand, *Gens de qualité*, Plon, 1938.

VANEIGEM, Raoul, *Traité de savoir-vivre à l'usage des jeunes générations,* Gallimard, 1967.

VAUVENARGES, Luc de Clapiers de, *OEuvres complètes et correspondance*, Coda Editions, 2008.

VOLTAIRE, *Dictionnaire philosophique:* "Idée ." Gallimard, *Folio* collection , *1994.*

WEBER, Max, *Le Savant et le Politique,* éditions 10/18, 1996.

WEINER, Norbert, *The Human Use of Human Beings*, Da Capo Press, 1950.

WILDE, Oscar, "Le Critique artiste." *Intentions*, Librairie des Bibliophiles Parisiens, 1921.

图书在版编目(CIP)数据

思维绝杀/(法)博达思著;刘从容译.—上海:
格致出版社:上海人民出版社,2016
ISBN 978-7-5432-2619-7

Ⅰ. ①思… Ⅱ. ①博… ②刘… Ⅲ. ①思维-研究
Ⅳ. ①B80

中国版本图书馆CIP数据核字(2016)第072166号

责任编辑 程 倩
美术编辑 路 静

思维绝杀
[法]博达思 著
刘从容 译

出 版 世纪出版股份有限公司 格致出版社 世纪出版集团 上海人民出版社 (200001 上海福建中路193号 www.ewen.co) 编辑部热线 021-63914988 市场部热线 021-63914081 www.hibooks.cn **发 行** 上海世纪出版股份有限公司发行中心	**印 刷** 上海盛通时代印刷有限公司 **开 本** 635×965 1/16 **印 张** 10.5 **插 页** 2 **字 数** 104,000 **版 次** 2016年5月第1版 **印 次** 2016年5月第1次印刷

ISBN 978-7-5432-2619-7/G·687 定价:35.00元

上海市版权局著作权合同登记号　图字：09-2015-801 号